초원의 게르에서 스마트 도시로

몽골의
주거문화 변천사

몽골의
주거문화 변천사

김영식, 강기효, 다시냠, 홍재원 저

초판 1쇄 발행 | 2024년 4월 30일

발행인 | 양원석
발행처 | DH미디어
디자인 | 최연정
신고번호 | 제2017-000022호
전화 | 02-2272-9731
팩스 | 02-2271-1469

ISBN 979-11-90021-52-4 03910
정가 25,000원

※ 잘못 만들어진 책은 구입처 및 DH미디어 본사에서 교환해 드립니다.

초원의 게르에서 스마트 도시로

몽골의 주거문화 변천사

김영식 · 강기효 · 다시냠 · 홍재원 지음

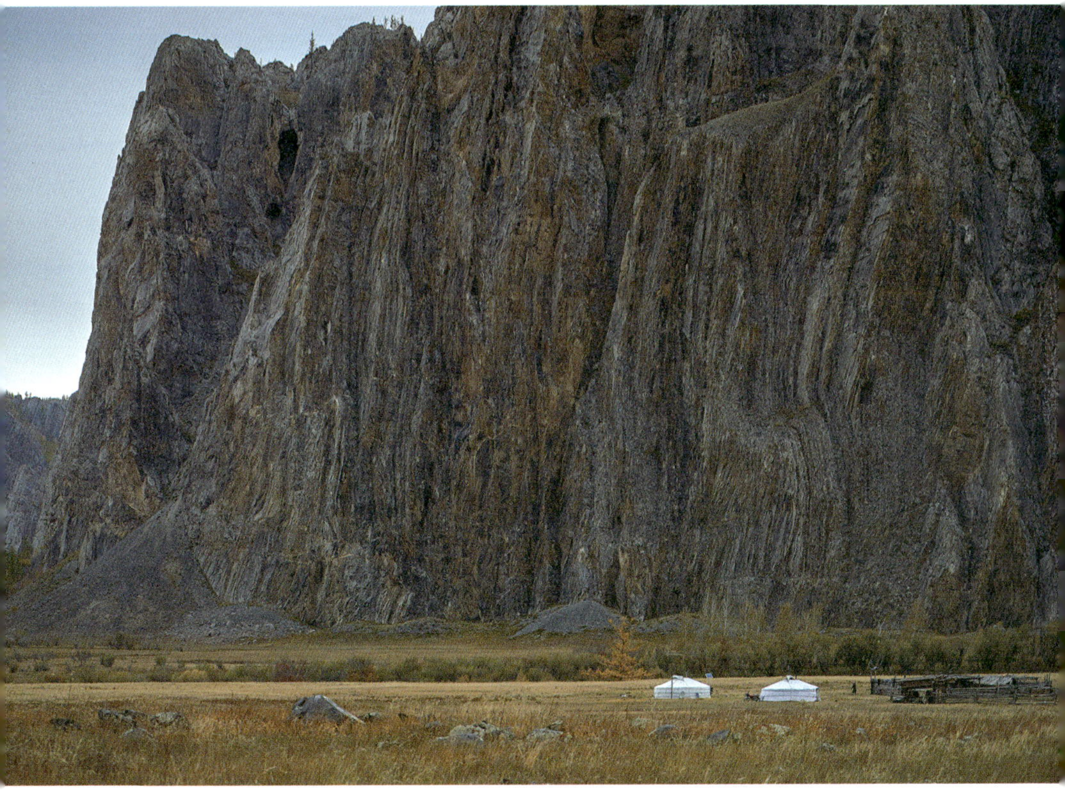

추천사

"몽골의 주거문화 변천사
– 초원의 게르에서 스마트 도시로 –"
출간을 축하하면서

한국과 몽골의 관계는 오랜 인연을 가지고 있지만, 본격적인 외교관계는 1990년 3월 26일부터이다. 한국에서 몽골의 수도 울란바타르까지 약 2,000km, 비행기로 3시간 정도 소요되는 거리다. 몽골인은 한국인과 비슷한 부분이 많아서 더 친근한 이웃국가로 생각되기도 한다.

최근에는 우리나라 사람들의 몽골진출도 활발하고, 몽골사람들의 한국진출도 두드러지고 있다. 두 나라의 국가적 교류도 중요하지만 기업과 개인의 교류도 매우 중요하다. 각 지자체와 몽골의 발전을 위한 프로젝트들이 진행되고 있으며, 기업의 진출도 많아지고 있다.

몽골은 전 세계적으로도 매우 독특한 문화를 지니고 있다. 특히, 3천년이라는 긴 세월동안 '게르'라는 주거지를 삶의 터전으로 삼아 드넓은 초원을 누볐던 몽골인들의 기상과 치열한 삶의 흔적들은 아직도 이어지고 있으며, 수도인 울란바타르의 변두리 지역에는 이동하지 않는 게르를 주거지로 살아가는 사람들이 무척 많다. 옛 문명과 현대 문명이 동시에 공존하는 몽골의 독특한 주거문화는 이제 전 세계 많은 사람들의 관심을 끌고 있다.

   선사시대부터 현대문명까지의 몽골의 주거문화를 다룬 책이 지인 김영식 대표의 주도로 출간된다는 소식에 짧은 기간이지만, 몽골에 머물렀던 그 귀한 시간을 다시 반추하면서 추천사로 대신하고자 한다.

2024년 2월....
주몽골대한민국대사관 대사 김종구

책을 열며

　많은 몽골인은 한국을 '형제의 나라'라고 부른다. 외모가 닮았고, 풍습이 비슷하며, 전통문양도 거의 같다. 몽골인은 자국에 대한 자부심이 높다. 한번 마음먹으면 해내고야 마는 끈기 등 정서적, 문화적으로 비슷한 부분이 많기 때문이다. 20세기 냉전의 영향으로 잠시 단절기가 있었으나, 1990년 수교 관계를 맺은 이래 양국의 협력 관계는 조금씩 발전해왔다. 최근 들어 한국과 몽골 간 문화 및 인적 교류는 지속적으로 확대되는 추세다. 그 규모는 우리가 생각하는 것 이상이다. 실제로 울란바타르 길거리에는 한국어를 유창하게 구사하는 몽골인들을 쉽게 접할 수 있다. 이 때문에 요즘 몽골에서는 '22번째 아이막이 한국에 있다'는 농담이 나올 정도다. '아이막'은 21개의 몽골 행정구역 단위로 한국의 도(道)에 해당하는 개념이다.
　몽골에는 현재 CU를 비롯해 GS25, 이마트, 탐앤탐스, 카페베네 등 여러 한국기업들의 프랜차이즈 브랜드가 진출해 몽골인의 삶 속으로 확장되고 있는 분위기다. 그리고 한국과 몽골 간 기술교류, 기술 협정 등, 몽골인의 삶의 저변에 걸쳐 다양하게 범위가 넓어지고 있다. 대표적인 것으로 한국의 첨단 스마트 신도시 등의 주거문화를 들 수 있다.

몽골이 울란바타르 과밀화를 해결하기 위해 2006년부터 2020년까지 울란바타르 외곽 야르막 지역의 대초원에 '야르막 신도시' 프로젝트를 진행했다. 아파트와 상가 등을 짓기 위해 300만평 부지를 개발하면서 등장한 것이 한국형 첨단 스마트 주거문화다.

현재 몽골은 인구의 절반이 수도 울란바타르에 몰려있기 때문에 정부가 지방 분권정책 시행을 위해 울란바타르 인근의 쿠시그밸리로 정부부처 및 기관을 성공적으로 이전하기 위해 행정중심지로 개발 중이다. 몽골은 이 신도시의 모델로 첨단 기술이 적용된 한국의 스마트 도시 '세종시'를 참고하기 위해 한국의 '행정중심복합도시건설청'을 방문해 여러 가지 성공사례를 접목하기도 했다.

현재 울란바타르 시내 공공주택 및 게르촌 재생 등 종합적인 도시개발 사업 추진이 준비되고 있고, 전문가 인적교류 및 노하우 공유 등 한국과 상호 협력이 재개되었으며 몽골은 한국의 대규모 전략거점 개발 사업지 등을 벤치마킹하고 있다. 도시개발 노하우 및 정보 공유, 인적 교류, 건설노동자 참여 프로그램 검토가 진행 중에 있다.

몽골인의 문화와 주거문화의 상징성과 특징과 주거형태의 역사적 고찰과 현대적 주거 및 문화에 대한 가치관이 어떻게 변화됐는지를 이 책을 통해 이해하고, 몽골이 다양한 한국의 도시개발추진 사례를 접목하여 신도시를 조성함에 있어서 그들만의 장점을 극대화하고 그 가치관과 문화가 신도시 건설에 고스란히 녹아있을 수 있길 희망해 본다.

마지막으로, 언제나 가르침을 주시는 이형 이지스자산운용 사외이사님과 이용열 신신프로퍼티 대표님께 깊은 감사드리며, 자료 수집에 도움을 준 다시냠 연구원과 홍재원 연구원의 열정에 감사합니다.

사랑하는 가족에게 이 책을 바친다.

㈜파미르홀딩스 대표 김영식

 / 목차 /

추천사 5
책을 열며 7

01　개요　17
02　한국과 몽골의 역사적 인연　21
03　몽골개관　29
04　몽골의 유목문화　39
　　1) 유목민족의 삶, 사회구조, 철학
　　2) 13세기 유럽인의 시각으로 본 몽골의 유목문화

05　몽골의 선사시대 주거문화　55
　　1) 몽골의 종교, 원시신앙, 토속신앙
　　2) 선사시대의 돌무덤, 돌 문화

06　몽골의 주거문화 게르　83
　　1) 게르의 역사
　　2) 게르의 상징성
　　3) 게르의 구조와 공간
　　4) 게르의 구조적 특성
　　5) 게르의 색상 및 문양
　　6) 7세기 중국문화에 나타난 몽골 게르
　　7) 13세기 유럽인이 본 몽골의 게르
　　8) 마르코 폴로(Marco Polo)가 본 황제의 게르

07　황제의 도시(건축물) 카라코룸(Хархорум)-만안궁(萬安宮)　141
08　최후의 유목민 차탄(Цаатан)족의 주거지 오르츠(Урц)　149
09　현대인의 게르 공간특성, 사용행태　155
　　1) 몽골 초원 유목민의 게르 짓는 법
　　2) 관광객을 위한 현대인의 게르

10 유목문화 속의 유목민의 경제 167
11 게르-유목민의 미래 171
    1) 과학과 만나는 유목민의 새로운 희망
    2) 몽골초원의 새로운 생명을 위한 프로젝트

12 20세기 초 변혁기의 몽골 183
13 몽골의 현대 주거문화 187
    1) 1940～1960년대
    2) 1960～1975년
    3) 1975～1990년
    4) 1990년대 이후

14 울란바타르(Улаанбаатар)시 게르 지역 199
    1) 도시미관과 환경오염
    2) 교육시설의 부족
    3) 의료시설의 부족
    4) 공원 시설 부족
    5) 상수도 시설의 부족
    6) 하수도 시설의 부족
    7) 울란바타르시 주요 하·폐수 처리장 현황
    8) 도로 및 교통문제

15 몽골의 현대주거와 환경문제 219
16 울란바타르시 재개발 계획 223
17 몽골 울란바타르시 도시개발 및 위성 도시 계획 227

참고문헌 241
저자 및 사진작가 246

바양 올기 아이막 차강노르 솜 게르

| 01 바양올기 아이막 쳉겔 솜의 타왕복드. 몽골에서 가장 높은 산으로 울란바타르에서 서쪽으로 1,820km 떨어진 알타이 타왕복드 국립공원에서는 해발 4,000m가 넘는 5개의 웅장한 봉우리와 만년 설산, 몽골에서 가장 긴 포타닌 빙하, 야생화가 만발하는 푸른 초원 등 몽골 본연의 모습과 때 묻지 않은 순수한 자연을 볼 수 있다.

| 02 헨티 아이막의 여름에 피는 야생화

| 03 홉드아이막 볼강 솜의 해질녘풍경

| 04 도르노드 아이막의 초원의 야생화

01
개요

　역사의 기원은 특정할 수 없지만, 인간의 주거문화는 아주 오랜 세월을 거슬러 올라간다. 구석기 시대의 동굴주거지, 신석기시대와 청동기시대의 주거지는 동굴주거지와 함께 땅을 파고 기둥을 세워 풀로 이엉을 덮어 사용하던 반지하 형태의 움집이었다. 식생이 사냥과 채집 위주에서 농업으로 발달하면서 주거지도 함께 변화되었다.

　그 후 인류는 문명의 발달, 거주하는 지역의 자연환경과 풍습과 삶의 형태(특히 식생) 등 문화와 사회, 경제 그리고 기술의 발달에 따라 주거문화도 변화 발전해 왔다. 단순하게 몸을 보호하기 위한 주거지의 개념에서, 보다 안락하고, 풍요롭고, 행복한 삶의 영위를 위한 개념으로 바뀌고, 다시 과시의 수단으로까지 발전했다. 형태와 건축자재의 다양화 그리고 목적성 또한 무한하게 변화되었다.

구석기시대에는 주 식생이 수렵이나 채취로 삶을 영위하던 시기였고, 주거지는 동굴이었다. 신석기시대에 농업이 시작되면서 주거지는 동굴과 함께 조금 발전된 움집 등의 형태를 띤 가장 기초적인 주거문화를 지니고 되었다. 이후 농업과 목축이 주 식생이 되면서 주거 형태의 변화가 두드러졌다. 이후 주거환경은 지구촌 곳곳의 기후와 문화에 따른 특징이 나타나고 이에 따라 건축 양식의 다양성도 두드러져 현재에 이르렀다. 그러나 일부 지역에 따라 옛것을 고수하고 있는 지역도 있으며 문명이 미치지 못하는 아프리카 오지나 극지 같은 곳은 가장 근본적인 형태의 주거지를 지금도 삶의 터전으로 살아가고 있다.

동굴주거지나 움집 등이 육지에 있는 주거지라면, 수상 주거지로는 말뚝 주거지가 있다. 스위스 취리히 호수 주변에서 발견된 선사시대 말뚝 주거지(Prehistoric pile dwellings around Lake Zurich)는 취리히 호수 주변에 위치한 슈비츠주, 장크트갈렌주, 취리히주의 스위스 알프스 주변에 분포되어 있는데, 총 56개의 선사시대 말뚝 가옥 중 11개로 전체 유럽 말뚝 가옥의 10%를 차지한다. 2011년 6월 유네스코에 세계문화유산으로 등재된 알프스 주변의 선사시대 말뚝 주거지(수상 주택)는 호수 위에 모형 박물관이 세워져 있는데, 석기시대와 청동기시대의 유물들이 전시되고 있다.[1]

---

1) 위키백과 참조

초현대화를 달리는 21세기의 세계지도 속에 몽골은 대단히 독특한 주거문화를 지닌 민족이다. 몽골의 수도인 울란바타르에는 현대식 건물들이 들어서고, 공동주택인 아파트 문화가 대세를 이루어, 21세기를 숨 가쁘게 따라가면서도 13세기경의 이동식 주거문화인 게르를 아직도 사용하고 있는 민족이다.

특히 이동식 주거지인 몽골의 게르는 약 3천 년이라는 긴 역사를 지니고 있다. 기원전 5500년에서 3500년 사이의 신석기식 농경 거주지는 넓은 몽골의 초원이 농사를 짓기에 척박하며 강수량도 적고 기후도 맞지 않아, 기원전 1000년 전반에 시작된 청동기 시대에는 농경 대신 염소나 양 같은 목축으로 바뀌었다. 이에 따라 목축을 위한 유목 생활이 몽골의 선사 문화로 등장했다. 이때 등장한 것이 게르의 고대 원형이라고 할 수 있다. 가축들이 먹을, 목초를 찾아 비옥한 초원으로 이동하는 유목민들의 전형적인 형태의 주거지라고 할 수 있는데, 이동이 잦은 사람들에게 편리한 주거지인 게르는 12~13세기 칭기스 칸의 정복 전쟁에서도 그 편리함과 이동성을 극대화하는 주거지였다. 지금의 게르는 13세기경에 등장했던 게르의 전형(典型)이라고 할 수 있다. 21세기에 이르는 장대한 세월이 흘렀음에도 불구하고 몽골의 게르는 아직도 많은 사람이 사용하고 있으며, 초원에서 목축을 하는 유목민들에게는 유일한 주거지이다. 그리고 수도인 울란바타르의 외곽지역에서는 공동주택을 구입하기 어려운 도시빈민들의 주거지로 사용되고 있다.

'게르' 유목민들의 전통이라는 독특함에 끌린 전 세계 많은 사람의 호기심을 끌어내고 있으며, 각박한 현대사회의 일상에 찌든 사람들에게 몽골 초원의 황량하면서도 아름다운 자연과 낭만과도 같은 게르의 체험은 좋은 관광 상품으로 여겨지기도 한다.

02
한국과 몽골의 역사적 인연

　한국과 몽골은 오랜 역사적 인연을 가지고 있다. 고려, 고종 19년(서기 1231년)부터 고종 46년(1259년)에 이르기까지 무려 9차례에 걸친 몽골 제국의 고려 침공으로 촉발된 여몽전쟁(麗蒙戰爭)을 통해 시작되었다. 이 시기는 고려 내부의 복잡한 정권과도 맞물리는데, 당시 고려는 숭문천무(崇文賤武)의 정책으로 무를 천하게 여겨 차별 대우했으며, 문신들은 무신들을 멸시하고 무시하였다. 군인들은 전투와 노역에 시달릴 뿐만 아니라 봉급도 제대로 받지 못해 생활이 어려워 불만이 많았다. 1170년 정중부를 중심으로 한 무신들이 정변을 일으켜 의종을 폐하여 거제도로 귀양을 보내고, 그 아우 명종을 왕으로 세우는 '정중부의 난'이 일어나게 되었다. 이후 난을 일으킨 세력들이 탐욕으로 실각하고, 1183년 최충헌이 정권을 장악했다. 이른바 최 씨 정권 시대가 시작된 것이다. 1170년 정중부의 난으로 시작되어 1270년까지 무려 1백 년간의 기간 최충헌 등에 의한 무신정권 시기로, 최고의 권력을 잡은 무신들에 의해 고려의 왕권이 약화한 시기였다.

고려는 계속되는 몽골의 침략으로 강화(講和)를 맺었지만, 고종 19년(1232년) 강화도로 수도를 천도하며 장기 항전을 각오했다. 고종 45년(1258년) 무신정권의 마지막 집권자 최의(崔竩)가 피살되고, 28년의 싸움 끝에 고려는 항복하고 개경으로 다시 천도 했다.

그 후 무신정권 말기의 마지막 장군 배중손(裵仲孫)에 의해 대몽 항쟁이 일어났는데, 1270년에서 1273년까지 일어난 저 유명한 삼별초의 항쟁이다. 삼별초는 최 씨 무신정권의 사병으로 좌별초(左別抄)·우별초(右別抄)·신의군(神義軍)을 말한다. 삼별초 군을 이끌었던 배중손은 강화에서, 다시 진도로 옮겨 항쟁 했지만, 진도 항쟁 이후 배중손이 등장하지 않은 것으로 보아, 진도 항쟁에서 사망했을 것이라는 설이 우세하다. 그 후 삼별초 군은 김통정(金通精)의 지휘하에 탐라(제주도-濟州道)로 본거지를 옮겨 2년간이나 더 항전을 계속하였으나 1273년 제2차 여몽 연합군의 공세를 받고 1273년(원종 14년) 평정되었다. 이후 원나라가 탐라총관부(1275~1384년)를 설치하고 제주도를 다스렸다.

칭기스 칸의 손자이자 원나라의 시조인 쿠빌라이는 삼별초를 진압하고 탐라총관부를 세웠다. 이는 탐라를 일본 원정을 위한 전진기지로 삼아 해양 전선 구축을 위한 것이었다. 이를 위해 탐라의 몽골화 정책과 원의 국립목장(중산간 개발) 건설을 위해 제주도에 설치한 목장(아막阿莫)의 관리를 위해 파견된 동아이막, 서

아이막 목호, 군인과 목축 기술자들이 대거 제주도로 들어왔는데, 1382년 원난 위순 왕자 바이바이 태자와 아들 육십노와 가족 일원이 1차 입도(入島)를 시작으로, 2차 입도는 1387년 칭기스 칸 황금 씨족 수백 명이, 3차 입도는 원나라의 멸망으로 투항한 망국 원조제왕(元朝諸王)을 1389년 탐라국으로 보냈다는 명 태조 실록(明太祖 實錄)으로 보아 상당수의 몽골인 후예들이 제주도에 들어와 정착했다는 것을 알 수 있다. 기록에 의하면 수천 명의 몽골인 들은 제주도 여성들과 혼인 관계를 맺었으며, 본국으로 돌아가지 않고 제주도에 뿌리를 내린 토착민으로 살아갔는데, 그들의 후손들은 현재는 어엿한 대한민국 국민으로, 제주도민으로 살아가고 있다.[2]

신증동국여지승람(新增東國輿地勝覽) 속의 조선시대 제주의 성씨 [3]

분류	성씨	내용
현소속	김(金), 문(文), 안(安), 양(楊), 이(李), 정(鄭), 함(咸), 현(玄)	고려중기~말기 육지에서 들어온 성씨 · 제주 고(高), 양(良), 부(夫), 문(文)씨는 토성(土姓)이다[4]
내성 (來姓)	김(金), 마(馬), 박(朴), 서(徐), 송(宋), 오(吳), 유(兪), 이(李), 임(林), 정(鄭), 조(趙), 주(周), 지(池), 차(車), 최(崔), 한(韓), 홍(洪)	도래인 성씨(渡來人 : 중국에서 들어 온 사람 포함)
원나라	강(姜), 석(石), 송(宋), 이(李), 정(鄭), 조(趙), 장(張), 주(周), 진(秦), 초(肖)	원나라(몽골제국)시기의 목호와 군인, 죄수와 조선기술자의 자손
운남 (雲南)	양(梁), 안(安), 강(姜), 대(對)	명나라가 운남을 평정하고 양왕(梁王)의 가속을 옮겨 제주에 안치했고 그 후손들의 성씨

---

2) 탐라 몽골리언, 740년 삶의 자취, 2015년 대외경제정책연구원 몽골연구회, 제주 한라대학교, 오영주, 참조
3) 조선조 성종이 노사신, 양성지, 강희맹, 서거정 등에게 세조 때의 팔도지리지를 바탕으로 지리지를 편찬하게 했는데, 이것이 55권 55책으로 동국여지승람이고, 이를 다시 증보, 개정한 것이 중종 때 간행된 신증동국여지승람이다. 현재 성종 본은 남아 있지 않고 중종 때 간행된 것은 남아 있다.
4) 토성(土姓): 제주특별자치도 서귀포시에 대대로 살고 있던 씨족 집단의 성씨로 이를 제주 4성(姓)이라 부른다.

한국과 몽골은 1990년 3월 26일에 수교했으며, 현재 2천 명 이상의 한국 교민이 몽골에 거주하고 있다. 그리고 양국의 경제교류와 기술협력 등 친밀한 관계로 발전하고 있다.

역사학자들의 해석에 따라서 한국과 몽골의 관계는 고구려와 선비(鮮卑)족 사이의 관계 및 발해와 거란(契丹)족 사이의 관계로 보아 역사를 더 거슬러 올라간다고 볼 수는 있지만, 양국 외교 관계의 본격적인 시작은 여몽 관계(麗蒙關係), 원 간섭기로 보는 것이 더 정확하다.

유목·수렵·목축·농업 등, 반유목민 집단이었던 선비족은 만주, 내몽골, 몽골, 다싱안링(대흥안령) 산맥, 일부 러시아 극동 남부 지역에 분포했던 동호계 민족으로 준 몽골어를 사용하는 집단이었고, 요하와 시라무렌강 유역을 중심으로 살았던 거란 역시 준 몽골어를 사용하는 유목민, 혹은 반유목민 집단이었다.

근대에 이르러 20세기 초, 한국과 몽골의 인연은 독특하게도 일제 강점기에 대한 제국의 독립운동을 하던 이태준(李泰俊)이라는 한국 사람과 깊게 이어져 있다. 독립운동가 이태준은 우리에게 조금 낯선 인물이지만, 몽골에서는 거의 신앙처럼 숭모하는 인물로 알려졌다.

1883년 11월 21일 경남 함안에서 태어난 이태준은 세브란스 의학교 재학 시절 안창호의 권유로 비밀 청년 단체인 청년학우회(靑年學友會)에 가담하였다. 1910년 일본에 국권을 상실한 후 애국지사들과 중국으로 망명했다. 그 후 김규식의 권유에 따라 몽골 지방에 비밀 군관학교 설립을 위해 1914년 몽골의 후레(현재의 울란바타르)로 갔다.

 국내 지하조직으로부터 군관학교 설립 자금이 오지 않아 실행에 옮기지 못하자, 이태준은 몽골에 정착을 결심하고 울란바타르에 동의의국(同義醫局)이라는 병원을 개업했다. 몽골인들에게 근대적 의술을 펼치며, 몽골 사회에 깊은 신뢰를 내렸다. 당시는 병에 걸리면 라마교의 영향으로 기도를 드리고 주문을 외우는 미신적인 치료법만 알고 있던 몽골인들에게 근대적 의술은 거의 기적에 가까웠다. 그의 치료법이 성과를 높이자, 몽골 왕궁에 출입하게 되고 몽골의 활불(活佛), 보그드 칸(Богд Хаан)의 어의(御醫)가 되는 등, 몽골 왕족들의 두터운 신임을 얻게 되었다.

 당시 몽골에는 라마승의 초야권(初夜權)으로 인해 매독 감염이 창궐하던 시기였다. 티베트 산악지역에는 처녀가 시집가기 전에 처녀성을 라마승에게 먼저 바쳐야 하는데, 매독에 걸린 라마승에게 초야권을 바친 결혼 전 여성들이 집단 감염되고, 그녀들로 인해 다시 배우자가 감염되는 식으로 몽골의 성인들 사이에 매독이 만연하게 되었다. 당시 몽골을 지배하던 청나라는 거칠고 용맹한 몽골족을 나약하게 만들 목적으로 첫째 아들은 무조건 라마승으로 출가하게 했다. 그리고 몽골 인구를 감소시킬 목적으로 일부러 성병에 걸린 창녀를 몽골에 보내어 승려와 관계를 맺게 해, 매독균에 감염시켰고, 매독에 걸린 라마승과의 초야권으로 인해 몽골에 매독이 퍼지게 된 것이다. 당시 몽골 성인의 80% 이상이 매독에 걸렸다.[5]

---

5) 역사가 꽃피는 대초원, 시사출판사, 2014, 최기호, 참조

이태준 기념관

이태준 기념공원 전경

　이때 매독의 멸절에 지대한 공헌을 한 사람이 '까우리(高麗) 의사' 이태준이었다. 이태준은 후레 일대에서는 모르는 사람이 없을 정도였다. 몽골인들의 이태준에 대한 존경심은 '신인(神人)'이나 '극락세계에서 강림한 여래불(如來佛)'을 대하듯 했다고 한다.

　1919년 7월 몽골 국왕인 보그드 칸은 이태준에게 국가 훈장을 수여했다. 이 국가 훈장은 '귀중한 금강석'이란 뜻을 가진 '에르데니-인 오치르'(Эрдэнийн Очир)라는 명칭의 훈장으로써 제1등급에 해당하는 훈장이었다. 이처럼 이태준은 독립운동가로서만 아니라, 오늘날 한국과 몽골의 친선에 절대적으로 기여하는 인물로 그 상징성이 매우 크다.

근대적 의술을 베풀면서 몽골 사회에서 두터운 신뢰를 쌓은 이태준은 각지의 애국지사들과 긴밀한 연락 관계를 유지하는 한편, 주요한 비밀 항일활동에서 큰 공적을 남겼다.

1921년 2월 초 몽골을 침범하여 살육과 노략질로 공포와 광란의 폭압 정치를 실시한 러시아 백위파 대장 운게른 스테른베르그(Roman von Ungern-Sternberg, 1885~1921) 부대에 학살당한 비운의 애국지사이기도 하다.

그리고 한국과 몽골 정부는 이태준 선생의 삶을 기리기 위해 울란바타르시 보그드칸 산 남쪽 기슭, 울란바타르시를 한눈에 내려다볼 수 있는 자이승(Зайсан) 승전 기념탑 아래 2007년 '이태준 기념공원'을 조성했다.[6] 자이승 승전 기념탑은 제2차 세계대전의 승리를 기념하여 전쟁영웅과 전사자를 기리기 위해 세워진 탑이다.

침략과 전쟁, 항쟁과 지배를 겪으며, 몽골과 한국의 관계는 깊은 연관관계를 가지고 있다. 그리고 20세기 초, 한국과 몽골은 제국주의 국가들의 억압하에서 민족 간의 갈등과 분단이라는 아픔을 함께 겪었다. 1950년대에는 한국전쟁으로 생겨난 전쟁고아

---

6) 서한을 통해서 본 이태준의 독립운동, 반병률, 연세의사학 제22권 제2호, 2019, 참조

자이승기념조형물   자이승기념탑과 벽화

200명을 몽골 정부가 데려가 입양시켰고, 전쟁 시에는 식료품, 의류, 인도적 지원뿐 아니라 수천 마리의 말, 소, 양을 북한에 지원하기도 했다.[7]

그러나 이제 21세기를 살아가며, 또한 앞으로 더 나아가기 위한 두 나라의 발걸음은 함께 걸어가야 할 국가인 동시에 몽골은 전략적 동반자 관계를 합의했으며, 협력을 통한 이웃으로 자리매김하고 있다. 광활한 대지 위의 자연과 더불어 살아가는 몽골인들의 현주소와 역사 속에 나타나는 문화, 삶의 근본인 주거문화를 살펴보고 그들의 삶에 한 발 더 다가가 보고자 한다.

---

[7] 초원에서 무지개를 보다. 도서출판 그린, 금희연, 서동주, 김기선, 김장구, 바트투르, 김홍진, 허만호, 사인빌렉트, 참조

03

몽골 개관

몽골에 가면 카메라를 자주 꺼내게 된다.
초원의 밤하늘에서는 매일 밤, 별이 쏟아져 내리고
드넓은 초원에서는 초원을 누볐을 옛 영웅들의 서사가 보이는 듯하기 때문이다.

홉스골 아이막 렝친룸브 솜, 별이 내리는 밤하늘

'몽골에 가면 카메라를 자주 꺼내게 된다.'

어느 여행자의 말처럼 연간 일조량이 230~260일에 달할 정도로 몽골은 맑은 날이 많다. 쾌청한 하늘과 날것 그대로의 자연이 눈 시리게 펼쳐지는 몽골 초원의 광활함과 때 묻지 않은 순수한 자연 앞에, 몽골을 처음 접한 사람들도, 혹은 또다시 몽골을 찾은 사람들도 보이는 풍경을 습관처럼 사진으로 영원히 남기려 한다.

돈드고비 아이막 홀드 솜, 게르의 밤풍경.

　한밤, 쏟아져 내리는 무수한 별빛들에 말을 잃은 사람들은 무한한 자연 앞에 압도적인 경외심을 느낄 수밖에 없다. 몽골은 수도인 울란바타르를 제외하면 아직 현대식 문명보다 자연이 더 친근한 나라이다.

　국가명은 몽골이고 몽골어를 언어로 사용하고 있다. 면적은 156만 4,116㎢로 세계 18위이고, 2023년 통계청, UN, 대만 통계청 기준으로 인구는 344만 7,157명 세계 132위다. 2022년 한국은행, The World Bank, 대만 통계청 기준으로 GDP는 168억 1,088만 달러로 세계 123위다.

몽골은 중국과 러시아 사이 내륙에 자리 잡고 있어 해양기후의 영향을 거의 받지 못하고, 위도가 북위 41도~52도로, 고도가 높아서 춥고, 고비사막의 영향을 받아 매우 건조한 기후 특성을 보인다. 특히 시베리아 고기압대로 인해 겨울철은 추위가 심하고 여름에는 다소 서늘하다. 몽골의 연평균 기온은 0.2℃ 지만 지역에 따라 연평균 기온의 차이가 크게 난다. 우선 알타이(Алтай), 항가이(Хангай), 헨티(Хэнтий) 및 홉스골(Хөвсгөл) 등의 산악 지역은 연평균 기온이 -4℃이고, 이 산악 지역들의 함몰지와 큰 강을 낀 협곡 지역은 -7.4~-6℃, 황야 지역은 2℃, 남부 고비는 6℃ 정도이다. 또한, 황야와 고비(Говь) 지역의 북쪽 경계선을 따라 북위 46℃ 지역은 연평균 기온이 0도이고, 연평균 기온이 -2도인 지역에는 영구 동토층이 분포하고 있다. 몽골에서 가장 추운 달은 1월로 평균기온이 -30℃까지 떨어지고, 가장 더운 달인 7월에는 평균기온이 27도까지 올라간다. 일 년 평균 강수량은 388mm 정도로 수량이 매주 적다. 우리나라 일 년 평균 강수량이 1,300mm인 것과 비교하면 몽골의 강수량은 매우 적다.

특히 고비사막은 북극을 제외하면 지구상에서 가장 북쪽에 위치한 사막으로 알타이산맥 동단에서 싱안링(興安嶺)산맥 서쪽 기슭에 걸친 동서 1,600km, 남북 500~1,000km의 범위로 알려졌다. 고비사막은 '풀이 잘 자라지 않는 거친 땅'이란 뜻으로 대부분

암석사막이다.

 강수량은 중앙부에서 일 년 평균 강수량 25~50mm, 북부에서 남동부에 걸쳐 150~200mm에 불과하다. 강수량의 대부분이 목초와 농작물 생육기인 여름에 집중된다. 기후는 −30도 ~ 40℃를 넘나든다. 지하수는, 대부분 소금물이라 마실 수가 없다. 고비사막은 타클라마칸 사막, 내몽골고원 등과 함께 최근의 가장 큰 환경문제로 대두되는 황사 발생의 주원인이기도 하다. 고비사막에서 발생하는 황사는 중국, 한국의 큰 환경문제로 여러 가지 문제를 발생시키고 있다. 사람의 건강 문제뿐 아니라 농업환경, 수질 문제까지 인간 삶의 전반에 걸쳐 작용하고 있다. 이곳에서 발생하는 황사 중에는 하와이까지 날아가는 것도 있다. 실제로 이쪽에서 바람이 불어오면 한반도 기준 북서풍이나 서풍이 되는데, 이러한 바람이 잘 부는 봄철과 겨울철에 황사와 미세먼지 문제가 심각해진다.

 몽골의 역사는 몽골인의 이주와 정착의 역사와 불가분의 관계가 있다. 지금으로부터 대략 85만 년 전, 오늘날 몽골의 영토에 인류가 거주하기 시작하였고, 후기 구석기 시기인 4만여 년 전에 현생 인류가 이주해 왔다. 인류의 이주 이래 몽골의 역사는 유목민이 지배하였고, 흉노(匈奴), 선비(鮮卑), 유연(柔然), 돌궐(突厥), 위구르(回鶻, Uighur), 거란(契丹) 등 북방 유목 민족들이 흥망성쇠를 이어갔다. 13세기(1206년) 몽골고원 헨티에서 칭기스 칸(Чингис Хаан)에 의해 몽골제국이 성립되어, 태평양에서 헝가리 초원, 동남아시아에서 중동, 중앙아시아, 시베리아에 이르기까지, 아시아와 유럽을 포괄하는 세계 역사에서 가장 거대한 국가를 건설하였다.

　최근 미국의 타임지에서는 13세기의 몽골을 주목하고 있다. 인류 역사를 바꾼 위대한 인물로 칭기스 칸을, 칭기스 칸의 총사령관인 수베데이(СҮбэдэй)[8]를 인류에게 가장 뛰어난 장수로 선정했다. 칭기스 칸이라는 걸출한 인물은 그 업적이 너무나 많이 알려져 거의 모든 사람들이 알고 있지만, 수베데이라는 사람은 다분히 생소한 사람이다. 칭기스 칸의 모든 업적 뒤에는 수베데이라는 장수가 있었기에 가능한 것이었다. 알렉산더대왕이나 한니발을 제치고 몽골 초원의 장수인 수베데이를 최고의 장수로 선정한 타임지의 결론은 결코 우연이 아니다. 칭기스 칸, 오고타이 칸(Өгөөдэй Хаан), 구욕 칸(Гүюг хаан) 3대에 걸쳐 몽골 제국의 장군으로 활동했다. 그가 남긴 업적은 위대하며 인간이 할 수 없는 수많은 전쟁에서 승리를 거두었다. 32개의 나라를 정복하고 73번의 전쟁에서 승리한 수베데이는 역사상 가장 위대한 장수로 1천 년을 넘어 인정받고 있을 만큼 그 흔적이 지금도 아시아, 유럽에 남아 있다. 미국의 경제지 '포춘'에서도 5백 명의 CEO가 뽑은 밀레니엄 최고의 리더로 칭기스 칸을 선정했다. 몽골제국의 최고 전성기를 이끌었던 칭기스 칸, 그와 함께 최 선봉에 섰던 수베데이 그들은 수백 년의 세월을 지나 다시금 평가받고 있다.

---

8)　한국에서는 수부타이라는 이름으로 불리기도 하지만 몽골어 발음으로 표기했다.

몽골제국은 분열과 쇠락을 이어오다 17세기 중반부터 20세기 초반까지 약 300년간 만주족이 세운 청(淸)나라의 지배를 받았다. 청나라가 1911년 신해혁명(辛亥革命)으로 붕괴하자 몽골은 당시 몽골 불교의 수장인 젭준담바 호탁트(Жавзандамба хутагт)를 왕으로 추대하는 입헌군주제 국가로 독립을 하였지만 1919년 중화민국(中華民國)에 의해 독립이 철폐되었다. 이후 1921년 러시아 소련의 지원을 통해 사회주의 혁명에 성공하고 1924년 세계에서 2번째로 사회주의 국가인 몽골인민공화국을 수립하였다. 1961년 UN에 가입하고 전 세계 국가들로부터 몽골은 완전한 독립국으로 인정을 받았다. 소련이 개혁·개방을 추진하자 몽골도 개혁·개방정책을 추진하였고, 사실상 구소련의 영향력 아래 있었으며, 1988년 12월 몽골인민 혁명당은 몽골판 페레스트로이카인 신 칠렐트(Перестройка шинэчлэлт) 정책을 채택하고 2년 후, 1990년 7월, 몽골인민 혁명당은 일당독재를 포기하고 시장경제체제의 도입과 민주주의 체제로의 전환, 자유 총선이 실시되었다. 민주화 이후 현재까지 민주주의와 시장경제를 통한 변혁과 발전을 이어오고 있다.[9]

그러나 시장경제의 길은 예상보다 험난하였다. 70여 년을 구소련이 미친 영향이 워낙 컸기 때문에, 구소련 경제와의 단절은 몽골 경제에 큰 충격을 줄 수밖에 없었다. 심각한 물자의 공급 부

---

9) 몽골 역사(두산백과 두피디아, 두산백과, 서울대학교 아시아연구소(SNUAC)) 참조

족으로 심각한 인플레이션이 초래되고, 1993년에는 250%가 넘는 하이퍼인플레이션을 겪었다. 소련의 기술에 크게 의존해 왔던 몽골 산업은 심각한 타격을 받게 되었다. 제조업 기반이 약한 몽골은 지금도 종종 공급 부족으로 인한 인플레이션을 겪고 있다 1990년 시장경제 전환 이후 3년 동안 마이너스 성장을 기록했고, GDP는 20% 가까이 감소했다. 실업의 증가와 빈곤을 악화시키고 CMEA 국가들과 교역이 위축됐다. 2000년이 되어서야 개방 이전의 경제 수준을 회복했다. 21세기에 몽골은 본격적인 성장의 길로 들어섰다.[10]

몽골은 산업화와 더불어 등장한 다양한 직업군이 몽골의 한 축을 이루지만, 21세기를 살아가는 몽골에서는 여전히 목축이 중요한 사회경제적 역할을 수행하고 있다. 몽골 식량, 농목, 경공업부(2012)에 의하면 2010년 몽골 국내총생산의 15.9%, 수출의 12.5%, 고용의 33.5%를 목축이 부담했다고 한다. 몽골에서는 아직도 유목 전통이 중요한 사회경제적, 문화적 위치를 점하고 있다.[11]

몽골의 목축을 구성하는 오축이라고 부르는 양(2천9백), 염소(2천4백), 소(5.3백), 말(4.8백), 낙타가(47만) 대략 6천4백만 마리가량 유목 되고 있으며, 경제활동을 하는 인구 약 34%가 목축업에 속해 있다. 이들 목축으로 발생하는 상품이 고기와 유제품,

---

10) 초원에서 무지개를 보다. 서울 시립대학교 몽골센터 몽골연구시리즈1, 도서출판 그린, 금희연, 서동주, 김기선, 김장구, 바투투르, 김홍진, 허만호, 사인빌랙트, 일부전재
11) 몽골고원의 유목전통과 현실, 유목민,가축,목영지를 중심으로, 서울대학교 인문학연구원, 유원수, 참조

가죽, 캐시미어 등이 있는데, 몽골의 캐시미어는 품질이 좋기로 유명하다.

몽골인들이 목축하는 오축 중 캐시미어의 재료가 되는 양이 가장 많다.

21세기의 몽골은 변화하고 있다. 광활한 초원과 길들지 않은 자연과 매일 밤하늘에서는 별이 쏟아져 내리고, 하늘과 마주한 광활한 초원에서는 때 묻지 않은 자연 앞에 열광하는 사람들의 눈길이 머문다. 그리고 세계 10대 자원 보유 국가로서, 석탄, 석유, 동, 몰리브덴, 우라늄, 형석 등 풍부한 지하자원을 지니고 있으며, 몽골은 동서양을 연결하는 지정학적 위치로도 매우 중요한 국가로 세계 속으로 발돋움하고 있다. 7백 년 전 세계를 오시(忤視)했던 몽골인들의 기상이 서서히 깨어나기 시작하면서, 세계는 몽골인 들을 주시하기 시작했다. 21세기의 몽골은 혹한의 추위 속에서도 뜨거운 열기를 지닌 나라로 서서히 일어서고 있다.

사막의 낙타는 중요한 운송수단이다

04
몽골의 유목문화

유목민은 인류의 오랜 역사와 함께한다. 유목민의 유형으로는 '수렵채집 형', '목축 형', '소요 형'이 있는데, 수렵채집 형 유목민은 인류사에서 가장 오래된 유형이다. 계절에 따라 장소에 따라 먹을 식물이나 열매를 찾기도 하고, 사냥감을 찾아 떠나는 삶을 사는 사람들을 말한다. 그리고 목축형 유목민은 말이나 양 같은 짐승 떼들을 길러 삶을 유지하는 사람들을 말하는데, 그들은 기르는 짐승들과 함께 머물 장소를 옮겨 다니며 사는 사람들을 의미한다. 그리고 소요 형 유목민은 산업화가 진행된 사회에서 발생하는 직업이라고 할 수도 있는데, 이 사람들은 한 지역에서 다른 지역으로 이동하면서 물건을 사고파는 사람들을 의미한다.

위의 세 가지 조건 중에 우리가 흔히 말하는 유목민은 목축을 목적으로 적어도 1년에 계절에 따라 네 차례 이상 주거지를 옮기며 가축을 기르는 사람들을 지칭하고 있다. 유목민의 대명사는 대부분 몽골의 드넓은 초원에 거주하는 유목민을 지칭한다. 이들의 주거지 이동은 계절에 따라 거처를 옮기는데, 상황에 따라 네 차례보다 많아지거나 줄어들기도 한다. 소·말·양·염소·낙타 등 가축을 이끌고 처자식을 데리고 생활 도구를 챙기고 머무르던 집, 게르를 해체하여, 또 다른 장소로 떠난다. 그들이 머무르던 곳을 떠나는 것은 목축의 조건이 그 역할에서 기능이 저하되었기 때문이다. 유목민들이 자리를 옮기는 것은 맹목적으로 옮기는 것은 아니다. 그들은 조상 대대로 사용해 온 목초지를 생활의 근거지로 해서 그 안에서 계절에 따라 정기적이고 규칙적으로 옮겨 다닌다. 따라서 한 유목민은 천재지변이나 전쟁을 비롯한 특별한 사유가 없는 한 일생을 통하여 자신이 '거주할 곳'이 정해져 있다고 보면 된다.

　유목민이 자주 거처를 옮기는 것은 방랑벽이나 기질이 있어서가 아니다. 아무리 유목민이라 해도 거주지 자체를 옮기는 것은 번거로운 일이다. 「사기」에 쓰인 대로 좋은 풀과 물을 찾아 옮겨 다닌다. 주지하듯이 북방초원은 비가 적게 내려 물이 부족하고,

낙타에 짐을 싣고 새로운 터전을 찾아 이사가는 유목민

땅이 척박하여 목초지 상태도 생각보다 좋지 않다. 실제로 유라시아 초원 중 가장 좋다는 몽골초원도 풀이 무성한 초원은 드물고 대부분 흙이 드러나 있을 정도로 황량하다.

따라서 한 유목민 집단이 한곳에 오래 머물게 되면 그렇지 않아도 척박한 초원이 아예 망가져 버릴 수 있다.

초원은 한 번 파괴되면 그것을 복구하는데 오랜 세월과 엄청난 비용이 필요하다. 이는 곧 삶의 터전이 상실됨을 의미하는데, 유목민들은 사계절 이동을 통하여 이 문제를 해결해 왔다. 그래서 예로부터 유목민들은 한 곳에 필요 이상 오래 머무는 것을 바람직하지 않게 여겼다. 생계의 원천인 초원을 보호하기 위해서였다.[12]

커다란 바위를 방패삼아 설치한 홉스골 아이막의 게르

---

12) 몽골인의 전통생업 유목, 한국 외국어 대학교, 중앙아시아연구소 연구교수, 이평래, 일부인용

동서로 대흥안령산맥에서 알타이산맥, 남북으로 만리장성에서 바이칼 호수 사이에 펼쳐진 드넓은 고장은 유목민들이 대대로 살아온 터전이다. 러시아연방, 몽골, 중국에 걸쳐 있는 이 지역을 우리는 보통 몽골고원이라고 부른다. 춥고 메마른 기후와 토양으로 인해 곡식 생산이 거의 불가능했던 이 지역에서는 건조초원을 활용하는 목축의 특수한 형태가 일찍부터 주민들의 식량 산업이자 생업으로 자리 잡게 되었다.

몽골고원 곳곳에 아직도 무수하게 남겨져 있는 암각화에는 머나먼 구석기 시대부터 사람들이 야생 짐승을 사냥하는 그림들이 생생하게 남겨져 있다. 그리고 중석기 시대를 지나면서 야생 짐승을 길들여 목축을 생업으로 삼게 되는 과정이 상세하게 그려져 있다. 몽골과학아카데미 역사연구소(2004 : 104, 166)를 비롯한 몽골의 연구자들은 대개 중석기시대부터(7천~1만 5천 년 전) 가축을 기르는 일이 비롯되어 대략 3,500~3,000년 전에는 유목이 지배 산업이 되었다고 보고 있다.

가축은 오랜 세월에 걸쳐 오축이라고 부르는 양, 염소, 소, 말, 낙타 다섯 가지로 굳어졌고, 초지를 가장 효율적으로 이용하기 위하여 계절의 변화와 물, 풀의 형편에 따라온 가족과 가축을 데리고, 옮겨 다니는 계절 유목의 방식을 택하게 되었다. 이 초원 위에 제국을 건설하고 남쪽 이웃 중국과 적대적 혹은 우호적 공생관계를 유지하던 흉노(匈奴), 선비(鮮卑), 유연(柔然, 402~552), 튀르크(突厥, 552~745), 위구르(回紇, 745~840) 모두 유목민이었고, 위구르를 몰아낸 키르기스(840~920), 키르기스를 몰아

염소와 양떼

염소의 털을 깎는 모습

목축한 양, 염소 등의
털을 깎아 판매하고 있다.

낸 거란(契丹), 이어 300여 년에 걸친 초원의 피비린내 나는 무질서와 혼란을 몰아내고 유라시아 대륙을 석권한 몽골(1206~현재) 역시 유목민들이었다.

1) 유목민족의 삶, 사회구조, 철학

이렇게 몽골고원 주민들의 생업으로 자리 잡게 된 유목은 지난 수천 년 동안 몽골고원 주민들의 의식주의 형식과 내용을 결정해 왔다. 유목은 몽골인의 행동양식, 나아가 사고방식과 정서, 사회구조에도 영향을 미쳐 온 것이다.[13]

몽골 유목민들의 물질문화는 목축 이외에도 사냥이 있는데, 타르바가(Тарвага)[14]과 같이 고기와 모피를 목적으로 하는 경우도 있으며, 모피만을 목적으로 하는 늑대 사냥이 있다. 그리고 매를 훈련해 사냥에 이용하기도 한다. 여기에 부분적이지만, 강이나 하천에서 물고기를 잡는 어로(漁撈)도 포함된다. 몽골 비사(Монголын нууц товчоо)[15]에는 사냥과 어로에 대한 부분도 제법 많이 기록되어 있다.

---

13) 몽골고원의 유목 전통과 현실, 서울대학교 인문학연구원, 유원수, 인문논총 제67집, 일부 발췌
14) 다람쥣과의 포유류로 건조한 초원에서 무리로 생활하며, 모피는 품질이 좋고, 루마니아, 유럽, 러시아, 알타이산맥, 몽골, 중국 일부, 티베트, 히말라야 등지에 널리 분포한다.
15) 몽골비사: 중국의 원대에 몽골어본이 완성되고 명대에 한어로 번역되었다고 추정하는 몽골의 역사서로 원조비사(元朝秘史)라고도 불린다. 몽골의 현존하는 가장 오래된 서적 중 하나로, 1227년 칭기스 칸 사망 이후 기록되었다.

- 암보라매가 검은 멧닭[16]을 잡아먹고 있는 것을 보고(중략) 오록 싱콜라의 말총으로 올가미를 만들어 잡아 길렀다.
- 낚싯대와 바늘을 갖춰 각종 고기를 낚아 올리고 바늘을 구부려 낚시 바늘을 삼아 구울무지[17], 사루기[18]를 낚으며, 그물을 엮어 작은 물고기를 건져 올려 자신들의 어머니를 봉양했다.
- 땅굴 토끼가 되어 발톱으로 땅을 파고 들어가면 그대는 쇠지레가 되어 두들겨 가며 찾아내어 잡아버려라. 물고기가 되어 바다로 들어가면 그대 수베에테이는 투망, 예인망이 되어 건져 올려 잡도록 해라! 그렇게 한도를 정해 사냥할 때 말고는 병사들이 안장 후걸이를 매지 못하게 하라! 말에 굴레를 씌우지 말고 느슨하게 하고 다니게 하라!

    몽골 유목민들의 문화는 그들의 생활 터전인 유목 환경에 의해 만들어지고 전승되어 온 생활문화이다. 유목 생활에서 자연스럽게 생겨나는 짐승의 털이나 가죽 그리고 뼈와 같은 가축의 부산물은 다양한 민속공예품을 만들어서 유목 생활의 모든 영역에서 효율적으로 활용되었다. 의례와 축제에 사용되는 도구나 물품 그리고 의례용 선물도 대부분은 검은담비 외투와 담비 가죽 배내옷,

---

16) 수컷은 청록색 광택이 있는 검은색이고 눈 위에 붉은색 피부가 반달 모양이며, 아랫면은 검은색이고, 아래 꼬리 덮깃은 흰색이다. 날개깃은 검은색이고 둘째날개깃과 첫째날개덮깃의 가장자리는 흰색으로 띠를 이룬다. 꽁지깃은 바깥으로 구부러져 있다. 암컷은 들꿩과 비슷하나 더 크며 짙은 갈색을 띤다. 밝은 갈색의 희미한 눈 선이 귀깃으로 이어져 있다. 부리는 검은색이고 다리에 갈색의 털이 나 있다. 네이버 지식백과 참조

17) 구굴무칫과의 민물고기. 몸의 길이는 15cm 정도이며, 검은 갈색이고 몸 옆구리에는 검은색의 세로띠가 있다.

18) 연어과에 속하는 민물고기

수노루의 발목뼈로 만든 주사위 등, 가축의 부산물로 만들어진 민속공예품인 경우가 많다.

몽골 유목민들은 주거 공간인 게르에서 남과 여의 구분이 명확하다. 게르에 들어오면 남성들은 서쪽에 앉아야 하며, 여성들의 공간인 동쪽에 앉아서는 안 된다. 서쪽은 남성들의 공간으로 유목용 민구(民具)가 배치되어 있고, 동쪽에는 여성들의 민구가 배치되어 있다. 가축을 도살할 때는 북쪽 후미진 쪽에서 타인이 잘 보지 못하는 공간에서 해야 한다.

몽골 유목민들의 문화는 크게 몇 가지로 나누어 볼 수 있는데, 첫째, 생업 활동, 둘째, 주거지인 게르의 내부와 외부의 구조와 배치 등을 규정하는 자연관 및 방향관, 셋째, 유목 생활 속에서의 남성과 여성의 생업 공간의 구분과 도구의 배치 등이 있다.[19]

유목의 근간은 이동이다. 사람도 동물도 이동하면서 그 목적을 이루어간다. 그러다 보니 유목민의 삶은 중도의 철학이 배어있는 삶이라고 할 수 있다. 이동이 쉽기 위해서는 몸도 마음도, 세간살이도 많으면 안 되고 가축의 수도 적절해야 한다. 일정한 기준을 넘어가면 이동에 문제가 생기고, 결국 유목의 존립 기반이 무너진다. 따라서 유목민들은 그것이 가축이든 물건이든 부를 무한정 증식시킬 수 없다. 게다가 주기적으로 찾아오는 초원의 들불, 겨울의 한파와 폭설, 가축의 질병으로 매년 수많은 가축이 집단 폐사된다. 그 숫자가 다를 뿐 1000년 전에도 그랬고, 100년 전에도

---

19) 몽골비사에 반영된 몽골 유목민들의 물질문화연구, 동아시아 고대학 제29집, 참조

그랬고, 지금도 여전히 그럴 것이다. 그래서 유목민들은 역설적이게도 항구적인 가축 부족에 시달렸다. 이것이 지난 수천 년 동안 북방초원에서 살아온 몽골 유목민의 숙명이다. 생업의 특성상 가축을 무한정하게 늘릴 수 없고, 가축이 늘어나면 목초지가 부족해진다. 그러다보면 생산 기반이 무너질 수 있다. 그것마저 자연재해와 질병에 노출되어 있는 삶을 사는 유목민은 외부의 시각으로 보기에는 진정 고달프고 애처로운 존재임이 분명하다. 그러나 초원에 살아가는 유목민들의 시각으로 보면 그것은 하늘이 준 운

홉스골 아이막 겨울 벌판을 이동하는 유목민들

유목민이 만든 유제품들

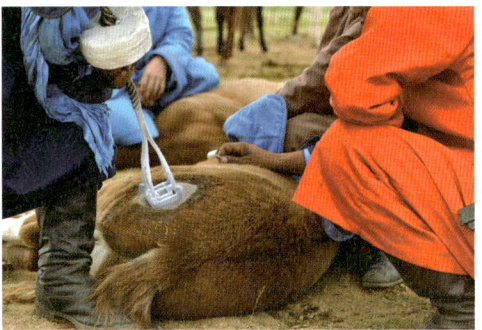
돈드고비 유목민이 자신의 가축에 낙인을 찍고 있다

명대로 진솔하게 살다가 죽는 유목민 고유의 삶이 진하게 나타나는 삶의 철학이다.[20]

2) 13세기 유럽인의 시각으로 본 몽골의 유목문화

몽골 유목민의 그들의 입장에서 보면 자연과 삶의 철학이 내재한 천명(天命)의 삶을 살아가지만, 외부의 시각으로 보면 한없이 가혹하고 혹독한 환경에서 녹록치 않은 삶을 살아간다고 할 수 있다. 13세기 이탈리아의 수도사 플라노 카르피니(Plano Carpini)[21]는 처음 접해 본 이방 나라인 몽골의 현실을 놀랍도록 상세하게 기록했는데, 그의 '몽골제국 기행록'에 보면 그 당시의 거칠고 황량한 몽골초원의 현실이 적나라하게 기록되어 있다.

---

20) 몽골인의 전통생업 유목. 한국외국어대학교. 중앙아시아연구소 연구교수. 이평래. 일부 인용
21) 1190년 이탈리아 동북부 페루자 부근에서 태어난 카르피니는 교황 인노켄티우스 4세의 명령으로 1245년 몽골로 가 새로운 대칸의 즉위식에 참석했다.

『그 지방의 어떤 곳은 아주 산지가 많고 다른 곳은 평평한데, 사실상 그 모든 지역이 모래가 많이 섞인 자갈밭으로 이루어져 있다. 어떤 고장에는 키가 작은 나무들이 있기도 하지만 그렇지 않을 경우에는 완전히 밋밋하다. 그들은 음식을 조리하며, 황제나 귀족이나 누구라도 모두 소나 말의 똥으로 지핀 불 옆에 앉는다. 그 고장에서는 백에 하나도 비옥한 곳이 없으며, 흐르는 물로 관개(灌漑)를 하지 않는 한 과실을 맺지 못하는데, 개울과 시내는 거의 없고 강도 아주 드물다. 그래서 촌락이나 도시가 없는데, 예외가 하나 있다면 그것은 카라코룸[22]이라고 불리는 도시이며 매우 크다고 한다. 우리는 그곳을 보지 못했지만 거기서 반나절 떨어진 곳까지 접근했는데, 그들 황제의 천막들 가운데 시라 오르두(Sira Ordu)에 우리가 머무를 때였다. 땅은 불모지이기는 하지만 가축을 기르는 데에는 적당하며, 아주 좋다고 할 수는 없지만 그런대로 괜찮은 편이다. 기후는 놀라울 정도로 불규칙해서 다른 곳에서 정상적인 경우라면 아주 심한 더위를 느끼게 하는 한 여름에도 격렬한 번개와 천둥이 쳐서 많은 사람들의 목숨을 앗아가는가 하면 아주 많은 양의 눈이 퍼붓기도 한다. 뿐만 아니라 살을 에는 추운 바람을 몰고 오는 폭풍이 불기도 하는데, 얼마나 혹심한지 사람이 가까스로 말위에 붙어 앉아 갈 수 있을 정도이다. 우리가 오르두 '황제와 수령들이 머무는 천막을 이렇게 부른다.' 앞에 있을 때 바람의 격렬함으로 인해서 엎드렸고 커다란 먼지를 일으키

---

[22] 몽골의 오르콘강 상류에 있는 카라코룸은 초기 몽골제국(1229~1259)의 수도였으며, 그 이전 칭기스 칸 시대에도 중요한 활동기지 역할을 하였다. 지금은 폐허가 되었다.

는 바람이 불었기 때문에 거의 아무것도 볼 수 없었다. 그곳에서 겨울에 비가 오는 경우는 전혀 없지만 여름에도 거의 비가 내리지 않으며 내려도 그 양이 너무 적기 때문에 흙먼지나 풀뿌리조차 제대로 적시지 못할 정도이다. 그곳에는 아주 거센 돌풍도 자주 불어온다. 황제가 선출되어서 즉위하려고 할 때 우리는 오르두에 있었는데, 그때 어찌나 강한 폭풍이 불어 닥쳤는지 그로 인해서 갑자기 눈이 녹아서 우리가 분명히 알거니와 군영 안에 있던 사람 가운데 160명 이상이 익사했고, 수많은 가옥과 재산이 물에 휩쓸려 가버렸다. 또한 여름에는 갑작스러운 폭염이 찾아왔다가 또 갑작스럽게 혹한이 닥치기도 한다. 겨울에 그곳의 어떤 지방에는 눈이 많이 내리지만, 다른 지방에는 조금만 내린다.

이 나라에 관해서 간략하게 결론을 내린다면 이렇다. 즉 그곳은 커다란 지방이기는 하지만 5개월 반 동안 우리가 둘러보면서 직접 눈으로 본 바에 의하면, 어떻게 말로 표현할 수 없을 정도로 비참한 곳이다.[23]』

몽골의 유목민들은 카르피니가 기록한 내용처럼 혹독한 자연 앞에 피할 수 없는 처절함을 몸소 겪어가며 유목 생활의 오랜 역사를 써 내려갔을 것이다. 그 혹독한 삶 속에서 그들의 영웅 칭기스 칸이 만들어졌을 것이란 의미이기도 하다.

---

23) 몽골제국 기행, 마르코폴로의 선구자들, 플라노 카르피니, 윌리엄 루브룩, 김호동 역주, 까치, 일부내용 전재

유목민의 기마술, 그들의 뛰어난 기마술은 13세기 세계정복의 견인차가 되었다.

카르피니보다 9년 뒤인 1254년 몽골을 방문한 프랑스의 윌리엄 루브룩의 여행기에는 몽골 여인의 삶에 대한 고찰도 상세하게 기록되어 있었는데, 물이 부족하고 황량한 초원 위의 삶과 문화가 밀접하게 어우러지며 외국인의 시각으로 본 생경한 문화가 기록되어 있다.

『수레를 몰고 그 위에 천막을 싣고 내리는 일, 소젖을 짜고 버터와 치즈(그루트)를 만드는 일, 가죽을 무두질하고 그것들을 힘줄로 만든 실로 꿰매는 일 등이 여자들의 임무이다. 그들은 힘줄을 가느다란 끈으로 나눈 뒤에 그것들을 꼬아서 하나의 긴 실을 만든다. 이외에도 그들은 신발과 양말 및 다른 의복들을 꿰맨다. 그들은 결코 옷을 빠는 법이 없는데, 그것은 만약 그렇게 하면 신이 분노할 것이고, 그것을 말리기 위해서 걸어 놓으면 천둥이 칠 것이라고 생각한다. 실제로 빨래를 하는 사람이 있으면 그를 매질하고 빨랫감을 빼앗는다. 그들은 천둥을 엄청나게 무서워하는데, 만약 천둥이 치면 그들은 집안에 있는 낯선 사람들을 모두 내보내고 검은색 펠트로 자신들을 감싼 뒤, 천둥이 끝날 때까지 숨는다. 그들은 설거지를 하는 일도 결코 없는데, 그 대신에 고기를 요리할 때면 솥에서 끓는 국을 사발에 부은 뒤에 다시 그것을 솥에 부음으로써 씻어낸다. 이밖에도 여자들은 펠트를 만들어 천막(게르)을 덮는 일도 한다.

남자들은 활과 화살을 만들고, 등자와 재갈을 제작하며, 안장을 만들고, 천막과 수레를 제작하고, 말을 치고 암말의 젖을 짜며, '쿠미즈(암말의 젖)'를 휘젓는 일을 하며, 그것을 담아두는 가죽주머니를 만들고, 낙타를 돌보고 그 위에 짐을 싣는다. 양과 염소는 남녀 모두가 돌보며 젖을 짤 때는 어떤 때는 남자가 다른 때는 여자가 한다. 그들은 손을 씻거나 머리를 감고자 할 때면 물을 입 안에 가득 채우고, 그것을 자기 입에서 손으로 조금씩 천천히 흘려보내서, 그 물로 자기 머리카락을 적시고 머리를 감는다.』[24]

그 당시의 몽골제국은 팍스 몽골리카(Pax Mongolica)를 구가할 만큼 강력한 국가였다. 정복전쟁을 통해 사회적, 문화적, 경제적으로 13~14세기에 유라시아에 안정을 가져다 온 기간이고, 그들이 걸어간 길, 실크로드를 통해 아시아와 유럽에 무역을 연결시키고, 몽골 제국의 권력 아래에 관할했던 시기였지만, 카르피니와 루브룩이 본, 정작 그들의 삶의 환경은 여전히 열악하고 거친 초원에 살아가는 사람들의 일상과 삶은 힘들고 팍팍한 삶이었다는 것을 고찰한 것이다. 문화는 사람들이 살아가는 환경에 의해 만들어지고 관습과 법칙이 규정된다는 의미이기도 하다. 예나 지금이나 황량한 초원의 삶을 살아가는 유목민의 삶은 고단하다.

---

24) 몽골제국기행, 마르코 폴로의 선구자들, 플라노 카르피니, 윌리엄 루브룩, 김호동 역주, 까치, 일부내용 전재

05
몽골의 선사시대 주거문화

　몽골에는 고대 인류가 살았던 흔적이 약 1천 곳에 이를 만큼 많이 남아 있다. 주거 유적에서는 고대 인류가 사용했던 석기가 대량으로 출토되고 있다. 또 그 당시의 삶의 증거들이 수많은 흔적으로 남겨져 있는데, 대표적인 것이 바위에 새겨놓은 그림들이다. 그리고 그 당시의 수많은 무덤과 부장품들이 발굴되고 있다.

　고대 몽골의 현생 인류는 후기 구석기 시대인 약 4만 년 전에 몽골 지역으로 이주해 왔다. 이 시기에 만들어진 동굴 벽화들과 유적들이 아직도 남아있으며[25], 이들 동굴 주거지에 남아있는 가장 유명한 벽화가 호이트 쳉헤르 동굴벽화(хойд цэнхэрийн агуй)다. 몽골 수도 울란바타르에서 1,370km 떨어진 홉드 아이막(Ховд аймаг) 남동쪽 95km 지점에 있는 호이트 쳉헤르 동굴로

---
25) 위키 백과 참조

1996년 유네스코에 세계문화유산으로 등재되어 있다. 1950년대 한 목동이 우연히 발견했다고 하는 동굴에는 흰 회색질 벽면에 소, 매머드, 코뿔소, 타조 등 오늘날 몽골에서 찾아볼 수 없는 동물을 비롯하여 산양, 큰 뿔 양, 영양, 쌍봉낙타에 이르기까지 다양한 동물이 그려져 있다. 몽골 전역에서 발견되는 공룡의 화석으로 미루어보아 선사시대의 몽골은 거대 동물들이 살아가는 지역이었을 것으로 추정된다.

이 동굴벽화는 구소련의 고고학자 알렉세이 오클라드니코브(Aleksei Pavlorich Okladnikov)에 의하면 2만 년에서 1만 5천 년 전 후기 구석기시대에 살았던 사람들이 그린 그림이라고 추정한다. 이 벽화는 몽골뿐만 아니라 중앙아시아 전역에 걸쳐서 아주 희귀한 세계적인 작품으로 동물 외에도 나무, 상징 기호 등이 붉은 광물 안료(赭石)로 그려져 있다.[26]

호이트 쳉헤르 동굴벽화뿐 아니라, 몽골 지역의 선사시대 주거문화는 석기시대의 동굴이나 움집 등의 형태를 남겨진 동굴벽화에서 확인할 수 있는데, 특히, 고비 알타이 아이막(Говь алтай аймаг)[27]에는 선사시대 사람들이 거주했음을 말해주는 고고학 자료가 무척 많다.

1998년 몽골, 러시아, 미국 공동조사단에 의해 '촉트(Цогт су

---

26) 여수넷통뉴스 오문수 기자 기사 참조
27) Аймаг은 우리나라 도(道)에 해당하는 행정 구역 단위로 현재 21개의 아이막이 있다. 원래는 몽골어와 튀르크어족의 언어에서 "부족"을 뜻하는 단어였다.

м)' 솜[28]에서 발견된 13개소의 구석기 시대의 동굴 주거지와 바위그림도 있고, 바양홍고르(Баянхонгор) 아이막의 울지트(Өлзийт) 솜에 있는 나린 걸(Нарийн гол) 분지에서 전·중·후기에 걸친 구석기 시대 주거지 47곳이 확인되었다.

고비 알타이 아이막 비게르(Бигэр) 솜의 산악지대 동남 편 멀러르 털거이(Молор толгой)부근에 유물과 유적이 많다.

수많은 바위그림과 고분, 선돌과 고인돌로 미루어 많은 수의 고대인들이 이 지역에 살고 있었을 것으로 추측할 수 있다. 아직 조사가 완료되지 않은 수많은 선사시대 주거지가 고비사막을 중심으로 산재해 있다.[29]

선사시대 주거지는 몽골뿐만 아니라 전 세계 여러 나라에서 발견된 동굴벽화나 암각화 등에 의해 확인되고 있는데, 대부분 삶과 밀접한 관련을 맺고 있다. 주거지였던 동굴 벽에 그린 벽화나 수렵을 행하던 장소 근처 바위에 새긴 암각화 등의 정확한 의미는 아직도 논란의 대상이 되고 있지만, 수렵을 위한 일종의 의례, 즉, 주술적 행위였다고 하는 대다수 학자의 견해가 우세하다.

동굴 예술이라는 이름으로 1985년에 세계유산에 등재되었던 스페인 북부의 알타미라(Altamira) 동굴벽화는 기원전 35,000

---

28) 몽골에서 솜(som)은 아이막과 박(bag) 사이의 행정구역으로 한국의 군에 해당한다. 현재 몽골에는 약 340개의 솜이 있다.
29) 몽골의 고대 무덤과 돌문화 자료집, 고비 알타이 사막, 국립문화재연구소, 2013, 참조

년부터 기원전 11,000년까지 우랄산맥으로부터 이베리아반도에 이르는 유럽 전역에서 발달한 구석기시대 동굴 주거지 예술의 최고 절정을 보여 주고 있다. 한국의 울주 대곡리 반구대 암각화는 세계에서 가장 오래된 고래사냥 암각화로, 신석기시대부터 청동기 시대에 걸쳐 그려진 것으로 동물을 사냥하는 사람들과 그들이 사냥한 동물 등이 그려져 있는데 이 중 고래의 비중이 크다. 이 암각화는 지금까지 지구상에서 알려진, 가장 오래된 포경 유적이다.

문자로 남겨지지 않은 대부분의 고대문화는 과학적 근거로 유추할 수밖에 없다. 벽화나, 구조물, 분묘나 분묘 속에 남겨진 부장품, 등, 남겨진 선사시대 유물과 원시 신앙의 흔적들은 여러 가지 문화의 원형을 추론할 수 있게 한다. 따라서 선사시대의 전 세계 모든 고대 인류는 비슷한 삶의 형태를 지니고 있었으며, 가장 근원적인 삶의 근거지가 되는 주거지는 서로 소통하지 않아도 비슷한 삶을 이어가는 바로 생사존망의 삶 그 자체였던 셈이다.

1) 몽골의 종교, 원시신앙, 토속신앙

예부터 사람들은 길에 구르는 돌덩이에서도, 지푸라기에서도 신(神) 불러냈다. 자연의 모든 요소가 신이 아니라고 부정할 수 없는 이유는 인간이 그만큼 나약하기 때문이다. 경이로운 대자연 앞에 약자로서의 인간은 보다 강한 수호자로서의 신적(神的) 존재가 어디에고 존재한다고 믿었다. 한국만 하더라도 예부터 부뚜막에도 신이 있었고, 장독대에도 신이 있다고 믿었다. 천혜의 섬이라는 제주도에는 1만 8천의 신이 있다고 한다. 사면이 거친 바다이고 바다를 뒤집고 가는 거센 바람이 수시로 불어대고, 어디에고 구르는 돌덩이들과 척박한 자연환경, 그리고 탐관오리들의 수탈까지 겹쳐, 아름다운 자연을 감상할 여유보다 마음을 할퀴고 간 깊은 상흔이 제주 토착민들의 가슴에 켜켜이 쌓여 삶이 힘겨웠기 때문이라고 볼 수 있다.

대부분의 원시 신앙은 신화로써 표현된다. 삶과 결부되어 나타나고, 자연현상이나 태양이나 달, 별 혹은 동물이나 바위 등에 의미를 부여하고, 의례나 제사를 통해 숭배의 대상이 된다. 애니미즘, 토테미즘, 샤머니즘 등이 원시 신앙에 속한다. 대부분의 지구촌 곳곳의 선사시대 역시 마찬가지였지만, 선사시대 몽골 역시 샤머니즘이 막강한 영향력을 행사했다. 그 영향에는 생존과 죽음에 대한 인간의 나약함에서 오는 절대자에 대한 경외와 기원, 삶에 대한 집착에서 비롯된 것이라고 할 수 있다. 선사시대 주거지였던 동굴이나 움집의 주변, 혹독한 삶의 경계에는 수많은 곳에 원시 신앙의 형태가 수만 년이 지난 지금도 남아있는데, 그 흔적들이 그 당시의 사람들의 삶과 소망에 대한 것을 유추할 수 있게 한다.

몽골은 헌법상 종교의 자유가 보장된 나라다. 역사적·문화적으로 티베트의 깊은 영향을 받아 현재 몽골은 티베트 불교가 가장 큰 종교라고 할 수 있다. 불교가 전파되기 전, 샤머니즘은 몽골인들의 삶에 커다란 영향을 미쳤지만, 지금은 민간신앙으로 명맥만

헨티 아이막 빈데르 솜, 남자무당의 샤면의식

유지하고 있다. 몽골어로 '보우(Бөө)'라고 불리는 샤면의 기원은 흉노시대 이전부터 시작되어 지금에 이르고 있다. 조상신을 불러 빙의하는 샤면 의식은, 한국의 무당이 접신하여 죽은 조상을 불러내는 것과 비슷하다. 한국의 박수무당에 해당하는 남자 보우를 '자이랑(Зайран)'이라 부르고, 여자무당을 '오뜨강(Удган)'이라고 부른다.

고대 몽골인들은 자연, 동물, 사물 등 모든 것에 영혼이 존재한다고 믿었다. 애니미즘(Animism)의 신앙관은 거의 세계 모든 나라에서 발전한 고대 신앙이기도 하다. 고대 몽골인들은 나무, 돌, 강, 바람 심지어 대지에까지 영혼과 신성성(神聖性)을 부여하였다. 그래서 산과 숲, 강과 호수, 들판과 초원 그리고 다양한 동식물에 대한 숭배와 존경을 실천하였다. 이러한 애니미즘은 몽골인들에게 자연과의 연결과 조화를 강조하며, 그들의 삶과 신앙 체계에 깊은 영향을 미치게 되었다.[30]

하늘을 숭배하는 몽골 민족이 섬기는 하늘의 신은 55가지의

---

30) 관광문화 콘텐츠와 세계문화유산, 몽골, 이영섭, 전도근, 인피니티컨설팅, 일부전재

'하얀 하늘'과 44가지의 '검은 하늘'로 나뉜다. 하얀 하늘은 소원을 들어주는 신이고, '검은 하늘'은 악령을 쫓거나 저주와 병마를 주관하는 나쁜 힘을 다스리는 신으로 구분하고 있다.

샤머니즘은 '엉거트(Онгод)' 숭배와 천신 '탱그리(Тэнгэр)' 숭배 등이 대표적이다. 엉거트의 경우, 샤먼이 지닌 영험의 근원으로서 샤먼에 의해 숭배되기도 했으며, 가정에서 수호 신령으로서 신상의 형태로 숭배되기도 했다. 민간신앙 전통으로는 '로스사브다크(Лус савдаг)'라고 불리는 대지신 신앙과 이에 근거한 '어워(Овоо)' 숭배 전통이 대표적이다. 어워는 지금의 몽골초원에서도 흔히 볼 수 있는 돌무덤이라고 할 수 있다. 돌을 쌓아놓고 그 위에 꽂아놓은 막대에 천이 묶여 바람이 너풀거리고 있는 모습들을 간혹 볼 수 있는데, 한국의 서낭당과 유사한 형태이다. 한국의 서

바양울가 아이막의 어워, 한국의 서낭당과 같이 사람들의 경배의 대상이다

홉스골 아이막 렝친룸브 솜의 나무로 쌓은 어워

낭당은 마을의 안녕과 만민의 안녕을 기원하던 기도의 터로, 마을 어귀나 산을 돌아가는 모퉁이 고갯마루에 둥그렇게 쌓아 놓은 돌무더기이다. 그 곁에는 나무 또는 장승이 세워져 있기도 한데, 이들은 신목(神木)으로 신성시해 사람들이 지날 때마다 돌·나무·오색 천 등 무엇이든지 놓고 지나다녔다. 물론, 그곳의 물건을 함부로 파거나 헐지 않는 금기가 있다. 이처럼 한국의 서낭당과 몽골초원의 어워는 상당히 유사한 형태를 지닌 신성한 공간이라고 할 수 있다. 한국인들이 서낭당에 돌을 쌓으며 기도하는데 반해 몽골인들은 어워를 세 바퀴 돌며 하늘신과 자신에 대한 기도한다.

특히 유목민에게 중요한 대지의 신 '에투겐 에흐(Этүгэн эх)'는 '대지의 어머니'란 뜻으로 유목민의 일상과 경제활동이 이루어지는 자연을 관장하였다. 몽골의 전통종교는 티베트불교와 융화·상생하면서 '자연 친화적'을 넘어 '자연 합일적' 자연관을 구축해 왔다. 이 때문에 일반적인 몽골 유목민들은 직접적으로는 조상으로부터 태어났고 한편으로는 자연에서 나왔다는 의식을 지닌 채 살아간다.[31]

사슴은 유목민족에게는 고대부터 신성시해 오는 동물로서 태양을 상징하기도 하고 혹은 천신의 대리자로 묘사되기도 한다. '몽골 비사'에 따르면, 늑대와 사슴은 하늘의 명을 받은 성스러운 존재라고 전한다. 하늘의 축복으로 부르트 촌이(Бөртэ чоно)가 태어났고, 늑대는 호아 마랄(Гуа марал)을 아내로 삼았고, 이들의 후손이 몽골인이라고 전한다.

이후 몽골 유목민들은 늑대와 사슴을 그들의 조상이라 하여 토템으로 삼았으며, 칭기스 칸의 조상이 흰 암사슴과 늑대에서 파생했다고 믿었다고 한다. 투르크를 비롯하여 몽골 신앙에서는 사슴이 주요 신앙 대상으로 등장한다. 특히, 유목민족의 주 거주지였던 유라시아 초원 지역에서 하늘로 나는 것 같은 사슴 문양을 새겨놓은 많은 수의 사슴돌이 발견되었다. 이는 사슴(숭배) 신앙, 태양신앙, 천신 사상과 관련이 있으며 실제 샤먼들의 제사 의식에

---

31) 비교민속학 제 39집, 〈황구의 동굴〉에 나타난 몽골 유목민의 자연관, 안숭범, 참조

사용되기 위해 제작된 것이라고 밝혀졌다.[32]

사슴의 신앙은 선사시대의 암각화에서도 나타나는데, 청동기 시대 유적인 보가트(Бугат) 솜의 똔느 노르(Дунд нуур)의 유역의 사슴돌과 멀러르 털거이 바위그림에서도 사슴의 그림이 발견되었으며, 청동기 유적으로 알려진 차간 골(Цагаан гол)의 바위그림에서도 발견되고 있다. 초원지대 세워진 선돌의 4면에는 사슴을 비롯한 여러 가지 문양들이 새겨져 있다. 일부의 사슴 형상에는 사람의 얼굴을 한 큰 사슴이 새겨져 있기도 하다. 사슴돌의 발생은 청동기 시대로 여겨지고 있는데, 사슴돌은 씨족이나 부족의 지도자나 전사를 기념하기 위한 것이라는 학설도 있고, 조상제사나 숭배의 대상이라는 학설도 있다.

고비 알타이 찬드마니 솜에(Чандмань сум) 위치한 허슈(Хошуу) 선돌의 경우 이 지역 유목민들이 파란 끈을 둘러 돈을 끼우는 것으로 아직까지 신앙의 대상으로 여기고 있음을 알 수 있다.[33]

몽골 유목민들은 죽은 사람의 영혼이 술데(Сулд)가 되며, 그 술데는 샤먼의 엉거트와 똑같이 '그에게 기도하는 후손들에게 도움을 줄 수 있다.'고 믿는다. 엉거트는 수호신령으로 첫째 무당과 함께 무속의 제반 행위를 관할하는 신령을 이른다. 술데에 대한 기도문은 전쟁의 적, 도둑, 인간사의 재난, 싸움을 쫓는 일뿐 아니라 기자(祈子), 집안의 대소사, 기근이나 가뭄 등을 없애줄 것

---

32) 투르크 인문백과사전 참조
33) 몽골의 고대무덤과 돌문화 자료집, 고비알타이 아이막, 2013, 국립문화재연구소 참조

등 모든 인간사에 관련된 소원들을 내용으로 한다.[34]

유목민의 문화를 지닌 몽골에서는 불을 무엇보다 소중하게 여겼기에 불이 신앙의 대상이 된 것은 당연한 일이다. 유목민들은 12월 24일에 화제(火祭)를 지낸다. 새해를 맞이하기 위해 불의 신인 '갈잉보르항(Галын Бурхан)'이 하늘로 가는 날이다. 하늘로 올라간 불의 신이 새해 한밤중에 천신(天神)들과 인사를 나눈 후 새벽녘에 돌아오는데, 이때 유목민들은 불을 피워 신을 맞이하며 인사를 한다. 이날이 설날인 '차강사르(Цагаан сар)'다. 불의 신은 각 가정의 화덕에 상주하며, 가족에게 행복과 안녕 및 흥성을 가져다주고, 혈통을 잇게 해주는 신이다.

돈드고비 아이막 설날 새배

---

34) 몽골 유목민의 '중심'에 대한 의식과 생태적 세계관, 비교민속학 제59집, 이안나, 참조

헨티 아이막 유목민이 겨울을 나기 위한 건초를 쌓고 있다

　불의 신뿐 아니라, 그들이 믿는 모든 신들이 특정 기간에 지상을 떠나 천상으로 간다. 일 년 동안 지상과 가정에 일어난 일을 천상의 가장 높은 신(至高 神)에게 보고하는 일이다. 잘잘못을 따져 한해의 공과(功過)에 따라 상벌을 내려준다고 한다. 지역에 따라 불의 신을 천신(天神)으로 부르는데, 제의를 지칭하는 명칭이 천신에게 절한다는 뜻으로 '텡게르트 무르구흐(Тэнгэрт мөргөх)'라고 부른다. 몽골 사람들의 관용적 표현 중에 '불이 꺼졌다'는 표현이 있는데, 이는 화덕의 불씨가 꺼졌다는 말로 후손이 없어 대가 끊어진 것을 가리키는 말이다. 또 싸움을 걸거나 싸움의 의지를 다질 때, '화덕의 불이 꺼지는 한이 있어도 복수하리라'는

표현은 목숨을 내놓고 싸우겠다는 결연한 의지를 드러내는 말이라고 한다. 불이 얼마나 중요한 것인지 알 수 있는 표현들이기도 하다.

또한 불의 신은 깨끗함을 상징하고 모든 더러움과 역병을 소멸시켜 주며, 모든 사악한 기운을 물리쳐 주는 존재다. 몽골은 20여 민족으로 구성된 다민족 국가다. 따라서 각 부족에 따라 화제를 지내는 것이 조금 다르다. 두르부드(Дөрвөд) 족은 10월에 화제를 지낸다. 에칭골(Ээжийн гол)의 토르고드(Торгуд) 족은 9월과 10월에 화제를 지내며, 외몽골의 바야드(Баяд) 족은 11월 25일에 화제를 지낸다. 약간의 차이를 두고 지내는 화제는 대부분 몽골의 설날인 차강사르와 가까운 달에 지낸다는 것이다. 현재는 1월 1일이 차강사르인데 옛날에는 차강사르를 가을에 지냈고, 가을 음식인 유제품의 차강이데(Цагаан идээ)이 많은 달이라 하여 흰 달이라는 뜻의 차강사르로 명칭 되었다 한다.[35]

몽골 민간신앙의 화제문(火祭文)에 불의 신에 대한 묘사가 다음과 같이 되어있다.

항가이 산[36]이 아직 조그마한 봉우리일 때부터
하탕(Хатан) 바다가 아직 진흙탕일 때부터
느릅나무가 아직 연약한 가지일 때부터

---

35) 몽골유목민의 불 민속, 장장식, 국립민속박물관 학예연구관, 일부전재, 참조
36) 항가이산맥은 몽골 중부에 위치한 산맥으로서, 수도 서쪽으로 약 400km 가량에 위치해 있다. 최고봉은 옷곤 텡거(Otgontenger)이고, 높이는 약 3905m다.

헨티 아이막의 한여름, 울창한 숲과 어넝호수가 풍요로워 보인다

매가 아직 날지 못할 때부터
점박이 야생 양이 아직 새끼일 때부터
주군이 때려 일으킨
왕비가 불어 일으킨
조약돌 어머니의
강철 아버지의
단단한 돌 어머니의

단단한 쇠 아버지의
구름을 관통한 강렬함의
비단 같은 얼굴의 기름 같은 얼굴의
불과 불의 어머니(大母)에게
비계와 기름을 바칩니다.[37]

---

37) 몽골민간신화, 체렌소드놈 지음, 이평래 옮김, 대원사, 일부 옮김

불은 유목민들의 숭배와 절대성을 상징하고, 그들의 모든 기원까지 거슬러 올라간다고 믿었다. 이 밖에도 몽골 유목민들에게는 예부터 전해 내려오는 설화나 신화를 통해 수많은 숭배의 대상이 존재한다.

몽골이나 시베리아 민중의 장례 의례에서 말은 중요한 역할을 하는데, 먼저 말로 고인을 장지에 옮기고, 그 말이 주인을 저승으로 데리고 가는 임무를 수행하는 데 도움을 주기 위해 말을 죽이거나 혹은 별도의 세르게(Цэрэг)에 묶어 두었다. 이 세르게는 특별한 신앙의 대상으로 여긴 유목민들의 세계관과 상징론에 중요한 역할을 했다. '세르게'의 상징성은 '세계수', 더 나가 '우주산'과 의미면에서 관련이 있다. 예를 들어, 야쿠트인들은 점을 칠 때 점치는 사람의 머리에 솥을 씌우고, 말의 기둥을 껴안고 서 있다. 이렇게 기둥과 하나가 됨으로써 '세상의 중심'을 잇는 신성한 지점에 존재하면서, 저승 즉 다른 세상과 곧바로 소통했다. 그런데, 저승에 가기 위해서는 잠시 죽음의 상태에 있어야 하므로 머리에 솥을 씌우는 것이라 한다. 다시 말해, 무덤에 세우는 기둥인 '세르게'는 저승과 교통하는 지름길로, 여기에 묶인 말은 이 길로 주인을 장애 없이 저승에 데리고 가야 한다는 관념이 있었다. 이처럼 말 묶는 기둥 '세르게'는 이승과 저승을 잇는 세계수 내지 세계 중심 역할을 하는 신앙 물이라 할 수 있다.[38]

몽골인들은 부족마다 자신의 종교를 가졌는데, 칭기스 칸의 어

---

38) 몽골 유목민의 '중심'에 대한 의식과 생태적 세계관, 비교민속학 제59집, 이안나, 참조

머니가 기독교를 믿었던 올후누두(Олхонууд)족 출신이라는 사실이 흥미롭기도 하다. 13세기 유럽 정복전쟁을 통해 유럽문화가 유입되고, 가톨릭 교황이 사제를 보내 친서를 전달하는 등 우호적인 관계를 맺어 기독교를 전파했는데, 몽골 지도자들이 이를 거부감 없이 받아들이고 용인했다는 데서 몽골인들의 기질을 엿볼 수 있다.

2) 선사시대의 돌무덤, 돌 문화

선사시대 문화는 인류의 조상이 살아온 머나먼 삶의 흔적이기도 하지만, 본질적으로는 위대한 예술의 기원이기도 하다. 그리스의 고대 철학자 아리스토 텔레스(Aristoteles)는 '인간이 다른 동물보다 나은 점은 바로 모방한다는 것'이라고 했다. 최초 인류 삶의 흔적이 예술이라면 수만 년을 면면히 이어오며 고대 인류가 행했던 삶의 흔적들이 모방하여 오늘날의 위대한 예술로 남겨졌다고 볼 수 있다.

몽골의 선사시대 문화는 수만 년의 세월이 켜켜이 쌓여 있다. 원시 문화의 특질을 명징하게 드러내는 고대문화 유산들은 대부분 돌 문화유산이다. 물론 장구한 세월 속에 다른 삶의 흔적들은 마모되고 사라져 버렸을지라도 긴 세월을 지내고도 묵묵하게 수만 년 전의 이야기들을 보여줄 수 있는 소재는 돌이기에 가능한 것이다. 이들 돌 문화유산은 크게 세 가지로 나눌 수 있는데, 삶의 기록과 흔적, 그리고 소망에 대한 주술적 의미의 형상들이 새겨진 바위그림과 죽은 자를 장사 지낸 무덤과 그 부장품, 그리고 용맹한 전사나 부족장을 기념하기 위한 기념비 등으로 나눌 수 있다. 일부 뼈나 호박, 나무들이 출토되기는 하지만, 이들은 극히 일부에 불과하고, 대부분은 돌에 새겨져 있기 때문에 돌 문화라고 부른다. 이들 문화유산이 발굴된 곳은 선사시대 사람이 거주했다는 것을 나타내는 것으로, 주거지는 비록 멸실되었더라도 흔적들은 남아 그 오랜 세월을 지났음에도 불구하고 무수한 자료들로 현존하고 있다. 특히 고비 알타이 아이막에는 선사시대 사람들의 주거지를 중심으로 수많은 무덤과 바위그림들이 수만 년이 지난 지금까지 생생한 형태로 남겨져 있다.

비게르 솜 비칙트(Бичигт)의 바위그림, 바양 올(Баян уул) 솜의 도긴 하난(Дуугийн ханан), 나란(Наран) 솜의 차간 골의 사슴돌과 석인상, 마차와 무사, 특수문양과 여러 야생동물을 재미있게 표현했다. 촉드(Tsogt)솜의 히르기스트 홀로이(Хиргист хоолой)의 흉노 무덤 등 수많은 돌 문화유산이 존재하고 있다.

청동기 시대와 돌궐 시대에 거쳐 그려진 것으로 추정되는 나란 솜과 첼(Цээл) 솜의 경계 지대에서 발견된 바위그림에는 탐가(Tamга)기호[39]와 창을 든 사람들, 말과 소를 탄 사람들, 그리고 주거, 수레, 야생동물, 가축 등의 그림이 약 300점이 발견되었다.

몽골·구소련 '역사 문화 공동조사단'에 의해 비게르 솜의 하르 아이라긴 비칙트 털거이(Хар айргийн бичигт толгой)에서

---

39) 탐가(Tamga)기호는 고대 씨족 집단의 문양이나 기호로, 지금은 가축의 소유를 나타내는 기호로 사용하고 있음

1970년 발견된 바위그림은 활로 야생 염소를 사냥하고 있는 사람들과 말을 탄 사람들, 그리고 야생 염소, 낙타 등이 그려져 있다. 또 고대 투르크 문자의 편린(片鱗)도 발견되었다. 조사단에 의해 발견된 또 다른 유적지는 1978년 하삭트 하이르한 울(Хасагт Хайрхан уул) 북동쪽의 자르갈란트(Жаргалант), 우인 운두르(Үй өндөр) 산지와 울란 톨고이(Улаан толгой)의 수민덴(Сүмийн дэн)에서 돌궐 시대의 석인상과 담장으로 이루어진 다섯 곳의 유적 복합체다.

1979년에는 톤힐(Тонхил) 솜의 호다니스 오로이(Хустын орой)에서 발견한 몇 점의 동물 그림에는 야생 염소, 사슴, 늑대 등이 바위를 쪼아서 표현한 바위그림이 있고, 호다스라는 원추형 산의 서쪽 잠틴 암(Замтын ам)의 중간에서 두 개의 사각형 담장 안에 위는 해를 표현하고 아래는 가느다란 허리띠를 표현한 다섯 점의 석비(石碑)를 발견했다.

멀러르 털거이 부근에서 발견된 석기와 바위그림 등 유물과 유적이 많이 발견된 것으로 미루어 이 지역에서 많은 사람들이 거주했다는 것을 알 수 있다. 가장 많이 모사된 동물이 산염소이고 그 다음이 사슴이다. 또한 늑대와 표범 등이 산염소와 사슴 등을 쫓거나 포위해서 잡으려 하는 모습과 포획해서 물고 있는 모습을 묘사한 그림이 비교적 많다.

식생을 위한 수렵 활동을 그린 바위그림이 그들의 생존의 메시지였다면, 기념비적 성격으로 세워진 선돌은 그들의 용맹과 업적을 기리는 찬사였다고 할 수 있다. 청동기시대와 철기시대 초기에 몽골과 중앙아시아 초원지대에 세워진 것으로 추정되는 상징물은 거대한 돌을 세워 그림을 음각한 선돌을 들 수 있다. 몽골초원 중부와 서부지역에 수많은 사슴돌이 있는데, 전 세계 사슴돌의 80%가 몽골초원에 존재하고 있다. 이들의 4면에는 사슴을 비롯한 여러 가지 문양이 새겨져 있다. 사슴돌은 몽골 중앙지역에서 청동기 시대 중기에 기원해서 동서로는 헨티산맥 동쪽 기슭에서 알타이 산맥 서쪽 기슭까지, 남북으로는 알타이 산맥 남쪽의 고비에서 서연 산맥과 바이칼호수 남쪽까지 지역을 포함하고 있다.

사슴돌의 특징은 씨족이나 부족의 지도자 또는 전사를 기념하기 위해 세운 것으로 평균 1.4m 정도의 길쭉한 돌에 사면을 손질하고 상단과 하단에 적은 면적을 남겨 두고 두 줄로 허리띠를 표시하여 세 부분으로 구분했다. 윗부분에는 해와 달, 그 아래에 두세줄 정도의 사선을 그리고 중간 부분에 뛰어오르는 사슴을 옆모습 형태로 표현했다. 사슴 대신 말, 산양, 표범, 돼지, 새 등으로 표현한 사슴돌도 있다. 아랫부분에는 칼, 단검, 창, 활과 화살, 화살통, 전투용 곡괭이, 토끼, 방패 등 무기를 매단 형태로 표현했다.

칭기스 칸이 세계를 향해 진군할 때 그의 가장 강력한 무기 중 하나가 말이었다. 초원의 몽골인들의 삶 속에 친숙하고 깊이 관여되어 있는 동물이 말이다. 양이나 염소, 그 밖의 동물들은 삶을 영위하기 위해 필요한 가축이었다면 말은 기동성과 그들의 발이 되어준 동물이었다. 선사시대 유물에서도 말에 관한 유물들이 상당수 포함되어 있다. 그리고 바위그림에서도 말은 자주 등장한다.

　몽골 서부 호브드 아이막 만항(Манхан)솜의 이시겐 톨고이(Ишгэн толгой), 보얀트(Буянт) 솜, 찬드만 하르 우주르(Чандмань хар үзүүр) 등 지역에서 발견된 바위그림은 몽골에서 발견된, 가장 오래된 말 암각화다. 특히, 구석기 시대의 말 그림은 말의 머리, 몸통, 꼬리 부분에는 음각 기법을 사용하고 몸통 부분은 남기는 기법이었으며, 이들 말은 길들이지 않은 야생마로 추정된다. 바양홍고르 아이막, 비치그틴 암(Бичигтийн ам)의 바위그림에는 말 무리가 그려져 있는데, 말 무리를 향해 활과 화살을 들고 말을 사냥하는 사람들의 그림이 새겨져 있다. 그림의 하단에는

오브스 아이막의 선돌

말을 타고 말 무리를 몰고 가는 사람의 모습이 새겨져 있어, 이 바위그림은 연대가 늦춰진 그림이라고 보고 있다. 이 밖에도 움누고비(Өмнөговь)아이막 아랍지흐(Арвижах) 암각화와 이헤르가슌(Ихэр гашуун) 암각화, 돈드고비(Дундговь)아이막 울지트(Өлзийт)솜의 델 올(Дэл уул) 암각화 등 상당수의 선사시대 바위그림에서 말 그림이 발견되고 있다.

몽골 암각화 중에는 마차와 마차를 탄 병사가 흔하게 등장한다. 청동기시대 마차 그림은 위에서 내려다보는 부감법(俯瞰法)을 사용했는데, 다양한 마차와 바퀴까지 선명하게 표현되어 있어, 바퀴의 발견은 상당히 오랜 세월로 그 기원이 거슬러 올라간다고 할 수 있다.

고대 몽골에서는 말을 길들이기 이전의 구석기시대의 바위그림부터 청동기와 초기 철기시대 그리고 흉노, 유연, 투르크 등 여러 시기에 해당하는 풍부한 암각화 유적이 있다. 이들 암각화는 관련 연대, 그림 주제, 표현 방식에 따라 각각의 특징과 차이점이 있다. 따라서 몽골의 암각화는 기마 문화 연구에 중요한 이바지를 하는 귀중한 자료이다.[40]

몽골 서북부에 있는 오브스 아이막(Увс аймаг)에는 선사시대 유물과 유적이 매우 많다. 그중에는 태양을 그린 해 그림, 스라소니나 표범, 야생 염소 그림 등이 있는데, 이들 그림에는 뿔이나

---

40) 몽골제국의 주요 마구 자료집, 국립문화재연구소, 몽골과학아카데미고고학연구소, 참조, 일부전재

꼬리 모양을 둥글게 만들고 태양의 광선 같은 모습을 표현한 것들이 많아 그것들이 하늘의 동물임을 보여주고 있다. 이 형태는 몽골 알타이산맥의 차간실라(Цагаан салаа) 바가 오이고르(Бага Уйгар), 시베트 하이르한(Шивээт Хайрхан), 움누고비 아이막 한 보그드(Ханбогд) 솜의 자브흐란트 하이르한(Жавхлант Хайрхан) 고비 알타이 아이막의 로본 산(Ловонгийн уул)의 바위그림에서 흔히 볼 수 있다.

또 바위그림 중에는 집을 그린 것들도 있는데, 네모 모양의 벽에 바깥쪽으로 길쭉한 사각형을 만들어 출입문을 표현했다. 또 야생 염소의 특징인 큰 뿔을 지닌 그림이 많이 있는데, 사람이 야생 염소를 사냥하고 있는 그림으로 말을 탄 사람이 활로 쏘는 그림, 늑대나 개에게 쫓겨 도망하고 있는 모습도 있다. 이 밖에 야생 염소, 야생 양이나 사슴, 낙타를 그린 그림도 상당수 존재하고 있다. 그리고 사람이 사냥하는 모습이 상당수 있는데, 말을 타거나 걷는 모습, 무기를 가지고 사냥을 하는 모습 등이 상세하게 묘사되어 있다.

후랭 우주르 하단 올(Хүрэн үзүүр хадан уул)의 작은 바위에는 사슴처럼 여러 갈래의 뿔이 달린 개가 묘사되어 있는데, 뿔은 크고 굵은 7개의 가지를 갖고 있다. 이처럼 사슴뿔에 야생 염소처럼 꼬리를 치켜세운 개의 모습은 현실에 존재하지 않는 매우 흥미로운 형상이라고 할 수 있다.[41]

---

41) 몽골서북부지역의 암각화. 동북아역사재단. 몽골과학아카데미 고고학 연구소. 일부 발췌

선사시대 암각화에 나타난 흥미로운 동물의 그림은 몽골 민간 신화에도 종종 나타나는데, 몽골 유목민들의 재미있는 상상력을 엿 볼 수 있는 얘기이다.

먼 옛날 낙타는 지금의 사슴처럼 열두 가지의 뿔과 털이 촘촘하고 긴 아름다운 꼬리가 있어 매우 뽐내고 다녔다. 하지만 사슴은 뿔이 없는 민머리였고, 말도 꼬리가 매우 짧았다. 어느 날 낙타가 물을 마시며 물에 비친 자신의 위풍당당한 모습을 매우 만족스럽게 보는데, 사슴이 나타나 매우 슬픈 모습으로 낙타에게 '오늘 저녁 숲속 동물모임에 참석해야 하는데 못난 모습으로 어떻게 참석할 수 있냐며 뿔을 잠시만 빌려달라고 사정했다. 낙타는 다음날 꼭 돌려달라고 하며 뿔을 사슴에게 빌려주었는데, 뿔을 빌려 당당하게 길을 걷던 사슴이 말을 만나 자신이 어떻게 뿔을 얻었는지 말해주자, 이번에는 말이 낙타를 찾아가 꼬리를 빌려달라고 사정했다. 착한 낙타는 말에게도 자신의 아름다운 꼬리를 빌려주었는데 날이 가고 해가 가도 뿔과 꼬리를 빌려 간 사슴과 말이 나타나지를 않았다. 이후부터 낙타는 물을 몇 모금 마시면 이 산 저 산을 두리번거리는 습관이 생겼다고 한다. 한편 사슴은 뿔이 매년 떨어지는 것은 원래 그 뿔이 자신에게 주어진 것이 아니라 낙타의 것을 빼앗았기 때문이라고 한다.[42]

---

42) 몽골민간신화, 체렌소드놈 지음, 이평래 옮김, 대원사, 내용일부발췌

오브스 아이막 후렝 우주르 하단 올 및 조라그트 하드(Зурагт хад) 암각화에는 양식화로 이행되는 과도기적 특징을 갖는 그림도 상당수 있는데, 주로 사슴 그림에서 또렷이 확인되고 있다. 이들 사슴 그림은 일상적인 사슴이 아니라 신통력이 있고, 사람들이 존경하고 신봉하는 짐승으로서의 존재다. 특히 사슴뿔이 달린 개의 그림은 청동기시대 사람들의 정신 발전 및 사상과 세계관을 엿볼 수 있는 희귀한 그림이라고 할 수 있다.[43]

1986년 몽골 과학아카데미 역사 연구소 흉노 유적 조사반은 촉트 솜 중심지 동북방에 위치하는 히르기스트 홀로이에서 흉노의 평민 무덤 97기를 발견했다. 무덤에서는 뼈와 화살촉, 호박(琥珀)장식품, 활의 뼈로 붙인 부분, 토기 및 목각 제품을 비롯한 다수의 유물이 출토되었다.

1988년 몽골·구소련 역사 문화 공동조사단에 의해 베르힌 울(Бэрхийн уул) 촉트 솜의 나이타스트(Найтааст)에서 새로운 바위그림과 판석 묘를 발견했다. 판석 묘는, 시신을 판석으로 둘러싸 석곽을 만들고 흙을 채운 뒤 그 위에 반듯한 네모 모양으로 판석을 세워 축조한 무덤으로, 몽골 지역의 청동기시대에서 전기 철기 시대에 걸친 무덤 양식이다.

오스팅 걸(Уртын гол) 오르팅 강변에 있는 고분군은 7~8km에 걸쳐 위치하고 있다. 이 중 6호분에서는 선돌이 무덤 모서리에

---

43) 몽골서북부지역의 암각화, 동북아역사재단, 몽골과학아카데미 고고학 연구소, 일부 발췌

확인되고 내부 중앙에 분구가 조성되지 않은 형태이고, 10호분은 중심부에 적석된 분구가 있고 그 둘레를 방형으로 돌을 돌려 묘역을 표시한 돌무지무덤인 하르기수르(Хиргисүүр)이다. 이 외에도 다양한 형태의 고분이 잔존하고 있다.[44]

이흐 마라(Их мараа) 유적은 하론 솜에서 북동쪽으로 약 26km 떨어진 산 경사면에 분포한다. 방형기단(경계석렬)의 각 모서리에 순장 묘가 설치되었고, 배장 시설은 서측에 1기, 동측에 3기가 배치된 상태이다. 이 외에 원형 무덤과 바위그림 등 6기가 주변에서 확인되었다. 샤히르털거이 유적에서는 히르기수르[45] 8기와 형상무덤 4기, 히르기수르 형태무덤 3기, 흉노무덤 11기 등이 있다. 히르기수르와 사슴돌 구조물은 기원전 16세기부터 6세
기경 몽골 중부와 서부 지역에 살았던 사람들이 창조한 문화이다. 히르기수르는 중심에 평면 원형의 형태로 분구를 돌로 쌓은 형식이고, 그 외곽으로 방형 혹은 원형의 기단 시설이 설치되어 있다. 기단 시설 안과 밖으로 중대형의 순장 묘와 소형의 배장시설 등이

---

44) 몽골의 고대 무덤과 돌문화 자료집, 국립문화재연구소, 2013, 일부 전재
45) 돌무지 무덤

오브스 아이막 오브스 호수

시설된 형태이다. 어떤 경우에는 히르기수르의 왼쪽에 사슴돌을 세우기도 하였다. 이는 히르기수르가 매장시설이었을 뿐 아니라 조상 제사나 숭배의 대상이기도 하였다는 점을 추정하게 한다.[46]

고비 알타이 아이막에는 이 밖에도 수많은 무덤과 바위그림들이 산재해 있다. 고대인들의 삶의 궤적(軌跡)을 찾는 많은 연구가

---
46) 몽골서북부지역의 암각화, 동북아역사재단, 몽골과학아카데미 고고학 연구소, 일부 발췌

진행되고 있지만, 문자가 만들어지기 이전의 기록들은 이처럼 그림이나 남겨진 흔적들로 연구가 이루어지고 있어 많은 과학적 판단과 상상력이 필요하다. 그들이 삶의 안식을 누렸을 주거지 역시 남겨진 유적이 많지 않아 이처럼 남겨진 흔적들로 예측할 뿐이다.

06
몽골의 주거문화 게르

"움직이지 않는 천재보다 돌아다니는 바보가 낫다." 몽골의 속담 중 하나인데, 그들의 삶과 경험에 의한 철학적 본질을 설명한 말이라고 할 수 있다. 유목민의 삶을 살아가는 몽골인들의 언어에 오르칠렁(Орчлон)은 '우주–존재하다–회전한다'는 의미가 내포되어 있다. 끝없이 초원을 떠다녀야 하는 그들은 한곳에 머무르는 삶은 곧 죽은 삶이었다. 세상을 떠다니는 그 흐름에서 그들은 삶이 비로소 존재한다는 의미를 깨달았다. 그리고 보다 더 넓은 세상에서 살아 움직이며 생명의 본질을 만난다는 통찰의 지혜를 삶의 궤적 위에 쌓았다.

몽골의 주거문화는 유목문화와 궤를 같이한다. 유목문화는 중앙아시아와 몽골에 걸쳐 형성되어 있는데, 자연환경에 따른 차이는 있지만 가축들의 먹이가 되는 초지를 찾아 방목하고 머무는 그 자리에서 삶을 영위하다 또 다른 초지를 찾아 떠나는 삶은 대부분

아르항가이 아이막의 게르

비슷하다.[47] 초지를 찾아 이동이 잦은 유목민들의 주거지는 대부분 정착 민족의 특성인 고정된 주거지와는 다른 이동식 주거지를 사용했다.

특히 넓고 광활한 몽골초원은 여름에만 집중적으로 내리는 비와 그에 반해 지극히 적은 강수량으로 드넓은 초원은 사시사철 어디고, 푸르지 않다. 크게 벌어지는 일교차도 이들의 삶에 녹록하지 않은 고난을 안겨준다. 이로 인한 삶의 균형, 열악한 자연환경에서 살아남기 위한 몽골유목민들의 노력은 자연과의 싸움이라기보다 자연에 더욱더 가깝게 스며드는 삶이라고 할 수 있다. 목축하는 동물들을 풀이 많은 초지에 방목하고, 풀이 적어지면 또 다

---

47) 몽골비사에 반영된 몽골 유목민들의 물질문화 연구, 서론 중 일부 인용

게르의 문

른 초지를 찾아 떠났다. 강수량과 환경의 영향으로 풍부한 초지가 많지 않아 늘 초지를 찾아 옮겨 다니며 방목을 이어갔다. 그렇기에 유목민들에게 자기의 땅이라는 개념은 성립되지 않는다. 땅은 하늘에 속한 것이라고 믿기 때문이다. 이런 영향으로 몽골의 유목민들은 휴대가 간편하고 분리와 조립이 쉬운 게르라는 전통 주거지가 발달했다. 게르는 그 시작이 기원전 3천 년 전으로 거슬러 올라갈 만큼 오랜 역사와 전통을 지니고 있다.

　주업인 목축을 위한 몽골인들의 주거지인 게르는 잠시 머물다 떠나 또 다른 장소에 머물며 목축과 삶을 이어가기 위해 최적화된 형태를 지니고 있다. 1년에 계절에 따라 최소 4번 이상 주거지를 옮기는데, 상황에 따라 적을 수도 있고 더 많을 수도 있다. 그렇다고 유목민들이 막연하게 거주지를 옮기는 것은 아니다. 그들의 조상들이 대대로 사용해 왔던 목초지를 근거지로 계절에 따라 정기적이고 규칙적으로 옮겨 다닌다. 선조들이 이미 찾았고 머물렀던 목초지가 가장 최적의 목초지라는 얘기가 된다. 따라서 유목민들은 일생 자신이 머무를 곳, 즉 자신의 삶을 이어갈 게르가 세워질 공간은 거의 정해져 있다고 할 수 있다.

자신이 태어나고 자라난 고장인 노탁(Нутаг) 안에서 봄살이 터(Хаваржаа), 여름살이 터(Зуншлага), 가을살이 터(Намаржаа), 겨우살이 터(Өвөлжөө)로 옮겨 다니는 것이다.[48]

앞서 서술했듯 강수량이 적은 북방초원은 수량이 부족하고, 땅이 척박하여 목초지도 적어, 풀이 무성한 초원은 드물고 대부분 흙이 드러나 있을 정도로 황량하다. 그곳에 오래 머물러 목축하게 되면 그렇지 않아도 척박한 초원이 아예 망가져 버릴 수 있다. '농부는 춘궁기에 아무리 배고파도 씨감자는 삶아 먹지 않는다'는 한국 속담이 있다. 미래를 위해, 지금 어렵더라도 자연의 섭리를 따르는 것, 그것이 목축이든, 농부이든, 자연을 순종하며 살아가는 사람들의 지혜인 셈이다.

자연은 한번 파괴되면 다시 복구하는 데 무척 오랜 세월이 필요하다. 따라서 자신이 머물던 곳이 망가지면, 다시 그곳을 찾아 방목할 수가 없다. 그것은 자신들 삶의 터전을 잃어버린다는 것을 의미한다. 따라서 유목민들은 사계절 이동을 통하여 이 문제를 해결해 왔다. 그래서 예로부터 유목민들은 한곳에 오래 머무는 것을 바람직하지 않게 여겼다. 생계의 원천인 초원을 보호하기 위해서였다.[49]

자연에 대한 유목 몽골인의 태도는 오랜 세월 축적된 유목 생

---

[48] 몽골 고원의 유목 전통과 현실, 인문논총 제67집, 서울대학교 인문학연구원, 유원수, 참조
[49] 몽골인의 전통생업 유목, 이평래, 한국외국어대학교 중앙아시아연구소 연구교수, 참조

활의 전통을 잘 반영해 주고 있다. 즉 자연을 인간과 동일한 살아 움직이는 생명체요, 끝없이 순환하는 대우주의 자연 질서 속의 한 부속물로 여기고 있다. 예를 들어 나무는 어떠한 방해도 없이 자라고 죽게 내버려두어야 한다는 것이다. 인간도 이러한 자연 질서의 한 부분으로, 동물이 생존하기 위해서 식물이나 다른 동물을 먹는 것과 같이 인간도 생존하기 위해서 자연의 자원을 사용할 수 있음을 암시한다. 즉, 생존을 위해서만 자원을 사용할 수 있으며, 즐거움을 위해서나 남용은 나쁜 재앙을 초래한다고 믿는다. 전통적으로 몽골인들이 즐겨 사용하는 속담 중에는 "고기(육류)는 사람을 위하여, 잎사귀(채소)는 동물을 위하여"라는 말이 있다.[50]

홉드 아이막 낙타를 이용해 해체된 게르를 옮긴다

---

50) 21세기 몽골의 유목문화, 중앙대, 박환영 일부 전재

현대에 와서는 몽골이 유목의 대명사처럼 느껴지지만, 유목이 처음 어디에서 어떻게 발생했는지도 확실하지 않다. 19세기 말까지 전 세계 100여 민족이 게르를 사용했던 것으로 알려진 것으로 보아 유목민의 반경은 꽤 넓게 포진되어 있다고 할 수 있다. 유라시아 대륙 중심부 어느 곳이 시초라고 할 수 있으며, 그 가운데 흑해(黑海) 북방, 즉 남러시아 초원(우크라이나)이라는 설이 가장 많은 지지를 받고 있다. 그 시기 또한 대략 기원전 1,000년경으로 보는 설이 가장 유력하다. 이렇게 시작된 유목이 언제 북아시아에 전해지고 그 지역 거주민의 생업으로 고정되었는가에 대해서도 학자들 사이에 이견이 분분하다. 다만 기원전 3세기 말 오늘날 몽골고원에 최초로 국가를 세운 흉노(匈奴) 시대부터는 이 지역 거주민들이 유목으로 생계를 꾸려간 것만은 확실하다.[51]

유목 생활을 위해서는 게르가 주거지의 최고 수단임은 분명하다. 지역에 따라 약간의 형태 변화는 있지만 기본적인 구조는 거의 같다. 이러한 게르를 전 세계 100여 민족이 사용했던 것으로 알려졌지만 현재 투르크메니스탄, 우즈베키스탄, 타지키스탄, 키르기스스탄 등의 구소련과 중국, 내몽골, 아프가니스탄 하자라 등의 민족만이 게르에 거주하고 있다.[52]

지금에 와서는 유목문화와 게르라는 명칭이 몽골의 대명사처럼 사용되고 있을 만큼 몽골의 게르는 유목민들만의 삶을 뛰어넘어 자연과 더불어 살아가는 문화 그 자체가 되어있다. '게르'라는 명

---

51) 몽골인의 전통생업 유목, 한국외국어대학교 중앙아시아연구소 연구교수, 이평래, 참조
52) 몽골의 전통주거 '게르'에 내재된 전통지식과 문화 공간적 특성, 국립문화재연구소, 황경순, 서론에서 인용

칭이 몽골어로 주택을 의미하기 때문만은 아니다. 황량하지만 아직도 광활한 초원과 그곳에서 생업으로 살아가는 몽골초원의 유목민들이 게르를 안식처 삼아 살아가고 있기 때문이다.

1) 게르의 역사

'몽골게르는 몽케–텡게리(Мөнх тэнгэр=영원한 하늘) 사상이 반영된 건축물'

게르에 관한 학자들의 연구에 의하면 몽골지역에 산재한 석기시대 동굴유적과 암각화, 기원전 4천 년 무렵의 주거지인 움집 등을 분석해 본 결과 오늘날과 유사한 '에스기–하나트–게르(эсгий ханатай гэр–양털로 만든 펠트로 외곽을 덮은 천막)'의 출현을 신석기시대 후기와 청동기 시대를 거쳐서 나타난 기원전 3천 년 무렵으로 간주하고 있다.

신석기시대 수렵인들이 사용하던 움집의 형태로 시작된 게르는 오랜 시간 인류의 삶과 밀접하게 연관되어 변화를 거듭하여 지금에 이르고 있다. 고대의 몽골지역은 수렵자원이 풍부했을 것으로 추정된다. 몽골지역 곳곳에서 출토되는 선사시대의 유물들이 그 증거이다.

신석기시대 후기로 추정되는 게르의 원형은 '어워훠(Овоохой)'라고 불리는 움집이다. 어워훠는 원형의 평면에 나무를 규칙적으로 세우고 동물의 가죽을 덮은 형식의 주거이다. 이 어워훠는 쉽게 조립 해체가 가능하고 주위의 재료를 사용할 수 있다는 장점 때문에 몽골의 많은 고대 부족이 사용하였다. 중 산간에 살았던 부족들은 이 어워훠 하단을 돌로 보강하여 영구적인 주거형식으로 사용하였던 것으로 추정된다.

현재의 몽골 게르 형태를 갖추게 된 시점은 기원전 2세기경 훈족이 사용하던 훈룬훈루(Hunlun Hunlu)로 불리는 게르로 어워훠를 유목 생활에 적합하게 발전한 형태이다. 게르가 몽골인의 보편적인 주거 형태로 자리 잡은 시기는 6~8세기에 들어서 부터이며, 이동성을 향상하기 위해 보다 부재를 간소화하고 규격화하기에 이른다. 오늘날과 같은 형태의 게르가 완성되었다고 볼 수 있으며, 이 시대에 대부분의 몽골 부족들은 '게르'라고 불리는 주거에 살았다. 라마교의 융성과 함께 게르 형상의 고정 가옥으로 발전되기도 했다.[53]

칭기스 칸의 정복 전쟁 시기였던 12~13세기경은 전쟁으로 인한 이동의 원활함을 위한 게르가 발달하였고, 칭기스 칸이 몽골 부족을 통일하여 몽골제국을 만들면서 게르는 세 가지 형식으로 변모한다. 하나는 기존의 형식과 같이 유목 생활에 적합한 형식을 가진 게르이며, 다른 하나는 영구적으로 사용할 수 있는 형식의 게르이고, 또 다른 하나는 수레 위에 지어진 게르이다.

땅에 고정된 형식의 게르가 등장하게 된 것은 통일된 몽골제국

---

53) 몽골주거 유형별 공간특성과 사용행태, 한국주거학회논문집, 알탕호약 오강치멕, 손동화, 변나향

의 등장과 일부 지역에서 도시화가 진행되어 사람들이 모여 살게 되었기 때문이다. 또한 유목 생활이 전부였던 유목민들에게 유목은 일부가 되고 다른 생산력과 직업들이 등장한 배경도 있다. 이러한 고정식 게르는 주로 공공적인 기능을 담당하였으며, '허스릭 게르(Хошлог гэр)'로 불렸다.

13세기경 게르의 또 다른 변형으로 수레 위에 지어진 게르가 등장했다. 이 게르는 주로 칭기스 칸처럼 칸(Хаан)으로 불리는 몽골의 왕이나 왕족, 귀족들이 사용하였으며, 조립하거나 해체하지 않고 사용하기 위해 수레 위에 게르를 짓고, 그 수레를 소나 말이 끌어 이동하는 형식이었다. 수레 위에 지어진 게르는 이동이 느려 '첨척 게르(Цомпог гэр)'로 불렸으며, 일반적인 게르보다 그 크기가 컸다. 이 게르는 22마리의 황소가 끌었다고 하니 그 크기가 얼마나 커다란 규모였을지 상상하기 힘들다. 13세기 원형이 갖추어진 게르는 19세기 불교의 영향을 받아 게르에 일부 불교적인 장식이 더해졌지만, 그 원형은 그대로 유지한 채 유목민의 주거로 사용되었다.

몽골제국 성립 이전에는 적의 공격에 방비하기 위해 수백 가구의 게르가 서로 어울려 사는 쿠리엔(Гүрэн)식 형태도 있다. 쿠리엔 방식은 집단 전투에 활용되기도 했는데, 적의 진영을 칠 때, 고리 모양을 이루고 있어 쿠리엔(고리)이라는 이름이 붙여졌다. 칭기스 칸이 몽골제국을 건국하기 전, 사촌 자무카와의 전투에서 13쿠리엔으로 전투를 벌였는데 칭기스 칸은 이 전투에서 대패하고 달아났다.

몽골제국 성립 후에는 목축 생산의 효율을 증대시킬 수 있는 아일(Айл)식 유목 형태를 취했다. 아일의 경우 주변의 초지에 따라 2~5개의 규모로 이루어졌다.[54]

세월이 흐르면서 게르의 형태나 만드는 재료, 게르가 지닌 절대적 주거지의 개념에서 변화가 나타났다. 20세기 중반 사회주의로 바뀌면서 최초로 공동주택이 건축되기까지 상당 기간 동안 게르는 몽골인들의 주거지였다. 21세기를 살아가는 지금, 몽골의 주거지인 게르는 여전히 몽골 유목민들의 주거로 사용되고 있으며, 도시에서는 분가한 가족들의 주거나 임시 숙소 또는 부속시설 등으로 한 주택 내에서 영구적인 주택과 함께 사용되고 있다. 그리고 여전히 목축을 생업으로 하는 사람들의 터전인 초원지대의 게르와 몽골의 수도인 울란바타르와 도시들은 현대식으로 발달한 주거지가 혼재되어 있다. 이러한 점에서 게르는 유목민뿐만 아니라 몽골인의 가장 친숙한 주거형식이며, 전통 주거로서 현대에도 사용되는 몽골의 기본적인 주거 양식임을 알 수 있다.[55]

특히 만리장성과 고비 사막 사이에 있는 내몽골지역은 현재는 중국의 자치구지만 역사, 문화적으로는 몽골과 관련이 깊다. 이들의 유목문화도 몽골과 같은 형태를 지니고 있는데, 내몽골은 고비사막 이북의 초원지대가 대부분 몽골에 귀속되었다. 따라서 중국-몽골-러시아의 국경 때문에 자유롭게 초원지대를 오가는 유

---

54) 몽골의 주거방법과 난방방법-몽골의 주거 '게르'의 구조 및 특성 167p, 김남응, 일부 전재
55) 몽골전통주거 게르의 공간구조와 의미에 관한 연구, 대한건축학회연합논문집, 제14권 제2호 통권 50호, 김형준 인용

목이 불가능해졌다. 전통적인 유목생활이 불가능해졌고 또한 기후변화도 이들의 유목 생활에 변화를 불러왔다. 대신 광활한 초원에 가축을 방목하고 일종의 양식 형태로 변화되었다. 따라서 내몽골의 게르는 목축의 전진기지 성격을 띠는 마을, 혹은 도시 외곽지역에서도 주거지로 활용되고 있다. 게르의 형태를 따르고는 있지만 게르가 지닌 이동성이 극대화된 특징은 사라지고 벽은 흙과 돌, 벽돌로 대체되고, 게르 내부를 채우던 이동성에 편리한 가구도 고정식 가구로 게르 내부를 채우게 되었다. 특히 농경문화를 중심으로 하던 중국 문화권에 편입된 내몽골지역에서는 유목과 농경을 동시에 적용하는 정주문화 형태로 변화가 영향을 미친것이라고 할 수 있다.

현대식 게르에는 현대식 난로나 TV 수상기도 있으며, 많은 문명의 이기와 접목되어 생활의 편리함을 추구하고 있다.

2) 게르의 상징성

몽골 건축가 다아잡은 '몽골 게르는 구조적으로 원형의 토대 위에 무수한 삼각형 조합의 연속으로 만들어진 몽케-텡게리(Мөнх тэнгэр)(영원한 하늘) 사상이 반영된 건축물'이라고 규정하고 있다. 게르가 원형 평면으로 되어 있는 까닭은 우주가 둥글다는 인식에서 비롯되었다.

몽골 게르는 원형, 삼각형, 버드나무라는 3의 성수 조합을 통해 북방문화원형이 깃든 세계관, 계절과 시간, 별자리, 문양 등 갖가지 상징을 만들어 내고 있다. 즉 하늘의 중심별인 북극성이 '어르흐(Өрх)'를 열고 버드나무로 된 '토오노(Тооно)-'를 거쳐 성스러운 기둥 '바가나(Багана)'를 타고 내려와 집안의 생명과 가계의 연속성을 상징하는 화로 '골롬타(голомт)'에서 지상의 불로 타오른다.[56)]

 게르를 구성하는 각각의 구조물은 하나하나 상징적인 의미가 부여되어 있으며, 특히 가장 중요한 구성요소는 어르흐, 토오노, 바가나, 골롬타이다.

 *어르흐(Өрх) _ 토오노를 덮는 양모 덮개로 비, 추위, 바람으로부터 게르 안을 보호하기 위해 사용되는 사각형의 지붕덮개로 하나의 게르에 보통 4개에서 6개의 지붕덮개가 들어간다. 어르흐는 게르의 가장 위쪽에 있으므로 몽골인들의 하늘에 대한 신앙이 드러나는 곳인데, 게르 가장 위쪽에 있는 환기구의 덮개인 어르흐는 하늘, 즉 대우주와 인간, 소우주가 소통하는 매개체로 여기기도 했다. 또 '게르의 하늘'로 가정을 대표하는 의미로 사용된다. 어르흐는 연기를 배출하고 게르 안에 공기와 빛을 조절해 주는 실제적 역할을 하기도 하며, 따라서 어르흐는 게르 안의 보온 기능을 위한 수단이기도 하지만, 집안의 평안과 안녕을 위해 수호신을 머무르게 한다는 의미로 항상 덮어놓는다. 저녁마다 어르흐를 펼쳐 토오노 앞을 덮고, 아침에는 게르 북쪽으로 접어 삼각형 모양

---

56) 오마이뉴스 2019.10.14. 오문수 기사 인용

으로 놓는다. 게르는 서쪽을 향하므로 어르흐는 아침에는 북쪽으로 열리고 저녁에는 서쪽으로 닫힌다.

이러한 이유로 생겨난 수수께끼가 '태양 아래에서는 세모, 달 아래에서는 네모'인 그것이 어르흐라고 한다.[57]

몽골에는 예전부터 13세 된 남자아이에게 어르흐를 놓도록 하는 풍습이 있었는데, 이것은 아이가 커서 사내가 되었다는 것을 의미하며, 한 사람의 인격체로 존중해 주는 의미가 있다. 동시에 집을 잘 지키리라는 믿음을 낳게 하고, 남자아이의 기상을 북돋고 자립심을 키우는 미풍양속이기도 하다.

또 게르 위 천창이 북극성을 향해 있다는 것은 어르흐가 게르 중심의 생명력을 위로 상승시키는 계단이자 천체의 신령한 기운이 내리는 통로임을 말해준다. 이러한 연유로 어르흐는 삶의 길운과 하늘의 기운이 들고나는 천창의 등가물로 언급된다. 게르의 천창 중앙에 나 있는 환기구 또는 그 덮개인 어르흐는 집의 가장 위쪽에 있는 것으로 하늘과 가장 가까이 있는 집안의 하늘로 생각해 그 위를 함부로 걷거나 앉는 등의 행동을 삼갔다. 이처럼 어르흐는 가정을 천상과 연결하고, 하늘의 빛과 바람을 받아들이며 집안의 공기 순환을 돕는 통로로 게르 안에서 살아가는 사람들의 생명과 직결되어 있으므로 몽골인들은 어르흐를 생명처럼 여겼다.[58]

시베리아의 북동쪽 끝 추코트(Chukot) 반도에 사는 소수민족

---

57) 비교민속학 제52집, 몽골의 전통주거 '게르'에 내재된 전통지식과 문화 공간적 특성, 국립문화재연구소, 고려대학교, 황경순, 참조
58) 비교민속학 제59집, 몽골 유목민의 '중심'에 대한 의식과 생태적 세계관1, 이안나, 일부전재

추크치(Chukchi)인은 북극성을 '천상의 구멍'으로 믿을 뿐 아니라 천상, 지상, 지하의 삼계(三界) 역시 이와 유사한 '구멍'으로 연결되어 있으며, 바로 이 구멍을 통해 샤먼과 신화적 영웅들이 천상과 교통하는 영적 통로의 의미를 갖는다. 또한 어르흐는 하늘의 천창인 북극성과 연결되어 세계중심의 축으로 매우 중요한 역할을 한다.

그리고 무당들이 죽으면 어르흐로 덮거나 싸서 장례했는데, '몽골 비사'에는 자신의 힘을 믿고 칭기스 칸과 아우들을 이간하는 등 왕정을 어지럽게 한 박수무당 텝 텡게르 후후추(Тэв Тэнгэр Хөхөчү)가 죽임을 당한 뒤, 텝 텡게르의 시신을 놓아둔 게르의 천창을 막고, 문을 눌러 (사람이 접근하지 못하도록) 지키게 하자, 3일째 되는 날 밤, 날이 누렇게 밝을 무렵에 닫아놓았던 어르흐를 열고 육신 채로 나갔다는 기사가 전해진다. 샤먼(Shaman)이 신령한 존재로 여겨졌던 당시의 풍습을 설명하는 이야기이기도 하다.

*토오노(Тооно) _ 게르 천창의 중심부에 위치해 오니(Унь)를 고정하는 원형의 목재 구조물로, 게르의 천창으로 공기와 햇빛을 들어오는데, 사계절 천창으로부터 햇빛이 들어와 게르 안을 따뜻하게 해주는 구조로 만들어져 있다.

몽골에서는 임산부의 산통이 시작되면 긴 실타래를 화로 부근 바가나에 감아 토오노 밖으로 내어 묶는데, 이것은 인간의 생명은 하늘이 내려 준다는 앙천사상(仰天思想)에 비롯된 것이다. 몽골

원형으로 이루어진 토오노와 토오노를 지탱하는 바가나

인들은 대부분 하늘을 절대적인 신(神), 신성불가침의 존재로 여겼다. 인간의 생명부터 생명을 이어가는 모든 행위, 그리고 살아가는 자연의 모든 것들이 하늘이 부여한 것으로 생각했다. 토오노는 해시계로도 쓰이는데, 토오노를 통해 들어오는 햇빛이 닿는 곳을 보고 시간을 파악하여 하루의 일정을 효과적으로 적용한다. 토오노는 원래 게르 중앙의 화로의 연기가 밖으로 잘 나가게 하는 역할을 하는데, 뚜껑이 있어 비가 오거나 눈이 오면 줄을 당겨 뚜껑을 닫는다.

호리 부랴트 기원 신화에 보면 바이칼 호수 남쪽에 호리 투메드라는 젊은이가 호숫가를 따라가고 있을 때 9마리 고니가 동북쪽 하늘에서 날아와 깃옷을 벗고 호수에 들어가 목욕할 때, 호리 투메드가 그 중 깃옷 하나를 훔쳐서 숨는다. 목욕을 마친 8명은 깃옷을 입고 날아가지만, 한 여인은 깃옷을 찾지 못하고 호리 투메드의 아내가 된다. 두 사람은 가정을 이루어 행복하게 살면서 11명의 자녀를 둔다. 이 열한 명의 아들들이 '호리부랴트'부족의 시조가 된다. 어느 날 아내는 남편에게 자신의 깃옷을 한 번만 입어보게 해달라고 소원한다. 호리 투메드는 많은 자녀를 두고 아내가 어찌하지 못할 거라는 생각에 깃옷을 내어준다. 아내는 깃옷을 입더니 곧 고니가 되어 천창을 통해 날아 가버렸다. 그래서 옛날부터 고니들이 날아올 때나 떠나갈 때, 부랴트족은 술을 담아 세 번 뿌리는 풍습이 생겼다고 한다. 여기서 고니 어머니는 샤먼으로 상징되며, 깃옷을 입고 천창을 통해 날아간 것은 곧 샤먼의 새 영혼이 천창을 통해 날아올라 간 것을 의미한다고 볼 수 있다.[59]

　이 신화는 한국의 선녀와 나무꾼 설화와 매우 흡사하다. 사냥꾼에게 쫓기는 사슴을 숨겨 주었더니, 보은으로 선녀들이 목욕하고 있는 곳을 일러 주며 선녀의 날개옷을 감추고 아이를 셋을 낳을 때까지 보여 주지 말라고 당부한다. 날개옷을 잃어버린 선녀를 데려다 부부의 연을 맺는데, 아이 셋을 낳기까지 날개옷을 주면 안 된다는 금기를 어기고 두 명의 아이를 낳은 후 선녀의 간청에 넘어가 날개옷을 주자, 선녀가 날개옷을 입고 아이 둘을 양팔에 안고 하늘로 날아 가버렸다. 아내와 자식을 잃고 슬퍼하는 나무꾼에게 어느 날 사슴이 다시 나타나 하늘에서 두레박으로 물을 길어

---

59) 몽골유목민의 '중심'에 대한 의식과 생태적 세계관, 이안나, 참조

올릴 터이니 그것을 타고 하늘로 올라가면 아내와 자식을 만날 수 있다고 알려주어, 사슴이 일러준 대로 하늘에 올라가 한동안 처자와 행복하게 살았다. 그러다 지상에 홀로 계신 어머니가 그리워져서 아내의 주선으로 용마를 타고 내려오는데, 이때 아내는 남편에게 절대로 용마에서 내리지 말라고 당부한다.

지상의 어머니가 아들이 좋아하는 팥죽을 쑤어 먹이다가 뜨거운 죽을 말 등에 흘리는 바람에 용마는 놀라서 나무꾼을 땅에 떨어뜨린 채 그대로 승천한다. 지상에 떨어져 홀로 남은 나무꾼은 날마다 하늘을 쳐다보며 슬퍼하다가 죽었다. 그러고는 수탉이 되어 지금도 지붕 위에 올라 하늘을 바라보며 울음을 운다는 것이다.[60]

이 설화에는 호리 부랴트의 기원 신화와 같으면서도 다른 내용 전개가 있다. 한국의 설화가 더욱 인간적인 내용의 전개라면, 호리 부랴트 기원 신화는 상징성이 크다. 고니 어머니가 날개옷을 입고 천창으로 날아간 것은 죽음과도 연관 지을 수 있기 때문이다. 여기에서 천창 덮개는 어르흐이고, 천창은 토오노를 설명할 수 있는데, '하늘의 중심 문'으로 우주의 다른 권역으로 드나드는 통로이며, 샤먼의 '천상으로의 상승'을 가능케 하는 매개물이라고 할 수 있다.

고니 어머니는 시조로 숭모하는 존재이기 때문에 샤먼들이 굿을 시작하며 부르는 무가에도 나타나고 있다.

---

60) 한국민족대백과사전 참조

고니 시조여
자작나무 말뚝이여
자작나무로 둘러싸인 호다르 강이여
물로 둘러싸인 오이혼 섬이여

이 무가에 등장하는 호다르 강, 오이혼 섬은 모두 세계 중심이라 할 수 있는데, 호다르 강은 바이칼 호수의 원천으로 그것은 자작나무로 둘러싸인 높은 산정에 있다고 한다. 오이혼 섬은 바이칼 호수의 가운데 있다.

카라코룸(Хархорум)의 아름다운 은(銀) 나무 분수를 만들었던 헝가리 사람인 장인 윌리엄이 직접 보고, 프랑스 사제 윌리엄 루브룩에게 전해준 얘기에도, 토오노를 통해 영적인 존재가 드나든다는 사실을 설명하고 있다. "한 번은 한 헝가리인이 그들 가운데 은밀하게 숨어 들어갔는데, 마귀가 게르 꼭대기에 나타나서 천막 안에 기독교도가 한 사람 있으므로 자신은 들어갈 수 없다고 소리를 쳤고, 이 말을 들은 그들이 그를 찾으려고 하자 그는 있는 힘을 다해 도망을 쳤다"고 한다.

유럽인의 시각으로 '마귀'로 표현된 존재는 아마도 몽골인이 신으로 모시는 또 다른 영적 존재 혹은 샤먼이었을 것으로 보인다.
이처럼 토오노는 유목민들에게 단순한 기능적인 면모의 천창으로서만이 아닌 하늘과 신, 과의 소통과 신앙의 통로였다는 것을 알 수 있다.

*바가나(Багана)_ 토오노를 지탱하는 기둥으로, 게르의 중심축에 해당하는 바가나의 중앙에 가장 중요한 구성물인 골롬타(화로)가 설치된다. 새로운 생명이 태어날 때 실을 바가나에 묶는 행위는 바가나가 우주의 목을 상징하기 때문이라고 한다. 샤먼도 바가나에 묶인 실을 타고 하늘로 올라간다고 믿었다. 바가나는 게르를 지탱하는 기둥인 동시에 신과 몽골인들을 이어주는 통로인 셈이다.

*골롬타(голомт: 화로)_ 목축을 위해 떠돌아다니는 몽골인들은 유목민의 생활 중 가장 중요하게 여기는 것이 바로 불씨, 즉 화로였다. 유목민들의 삶이 대부분 그러하듯 몽골인들 역시 불을 삶의 기원으로 인식하며 매우 소중하게 여겼다. 화로를 골롬타(불씨)라고 하는데, 불씨의 중요성은 한국의 전통사상과 상당 부분 유사한 면을 보여주고 있다. 몽골의 전통 중 보통의 가정에서 이루어지던 마지막 자녀상속제가 있는데, 가장 늦게 태어난 막내에게 집안의 가장 소중한 것으로 골롬타를 물려준다. 제일 늦게 태어난 자녀가 생존 기간이 가장 길 것으로 간주하여 마지막까지 살아남아 가문을 이어가라는 의미와 아울러 가장 어린 자녀를 마지막까지 보살피려는 부모의 뜻을 의미하기도 한다.

그런 의미로 가문의 상속자를 '화로의 왕'이라고 칭했다. 불은 몽골초원 위의 몽골인들에게 재생, 진보, 씨족의 번영을 나타낸다.

현재의 몽골 국기의 맨 위에 그려져 있는 세 개의 불꽃은 몽골 민족의 과거·현재·미래의 번영을 나타낸다. 과거로부터 현재까지 몽골인들이 불씨를 얼마나 소중하게 생각하는지를 볼 수 있는 대목이다.

골롬타가 게르의 중앙에 놓이는 이유는 게르 전체에 고르게 화력을 나누기 위함이기도 하지만, 그것보다 골롬타가 집안의 중심이자 세계의 중심이라고 여긴 까닭이다.

그리고 금기시되는 행동도 수반되는데, 게르 안에서 화로를 넘어 다니면 절대로 안 된다. 불씨는 신성시하기 때문에 불씨를 담은 화로를 넘어간다는 것은 신성을 부정하는 것이기 때문이다. 화로 안에 물을 붓거나 쓰레기 등을 버리는 것도 금지 사항이다. 물을 붓는다는 것은 화로의 불씨를 꺼트리는 행위로 가문의 존속을 위해하는 행위로도 간주할 수 있으며, 쓰레기를 버리는 행위는 가장 신성시하는 불씨를 백안시(白眼視)하는 까닭으로 비치기 때문이다. 즉, 신을 경시하고 하늘을 두려워하지 않는 행동으로 비치기 때문이다.

불씨를 꺼트리면 이웃집에서 빌려와야 하는데, 이 경우, 집안에 재앙이 온다고 여겨 라마승을 불러 경을 읽고 덕담을 들은 후에야 불씨를 가져올 수 있었다. 또 부젓가락으로 불을 쑤셔서도 안 된다.

'물과 재(灰)에 오줌을 눈 자는 사형에 처한다'는 금기사항이 칭기스 칸 법전인 '자삭(Зacar)'에 유목관습 제4조로 기록되어 있다. 강수량이 극히 적은 몽골 초원의 상황과 불을 소중히 여기는 그들의 사상이 엿보이는 법 조항이라고 할 수 있다.[61]

화덕의 중요성은 인륜지대사인 혼례를 할 때도 적용되는데, 첫날 밤을 보낸 신부가 침대를 나온 후 처음으로 하는 일이 화덕에 불을 붙이는 일이다. 신부가 불을 붙일 수 있도록 미리 화덕 안에 장작을 가득 넣어놓고 신부를 기다리면, 신부가 나와 화덕에 불을 붙인 다음 화덕에 세 번 절을 해야 한다. 화덕에 절을 한다는 것은 그 집 가문의 가족이 되었음을 불의 신에게 알리는 의미이다.[62]

그리고 화로를 게르의 중앙에 놓을 때, 가장(家長), 가장의 아내, 며느리를 상징하는 3개의 돌 위에 놓는다.

칭기스 칸(테무진: Тэмүжин)이 이복형 벡테르를 활로 쏘아 죽였다고 하는데, 이때 벡테르(Бэгтэр)는 테무진에게 '내가 죽더라도 나의 골롬타만은 보존하게 해 달라'고 했다. 그것은 가계가 이어질 수 있도록 해달라는 의미였다. 그만큼 골롬타는 혈통과 동일시 할 만큼 중요한 의미를 지녔다고 할 수 있다.

유목민들이 관용적으로 사용하는 말 중에 '불이 꺼졌다'라는 말은 화덕의 불씨가 꺼졌다. 즉, 후손이 없어 대가 끊어졌다는 것을 가리킨다. 목숨을 내놓고 싸우겠다는 결연한 의지를 나타내는 말로 '화덕의 불이 꺼지는 한이 있더라도 복수한다'는 표현으로 그만큼 강렬한 의지를 나타내는 데 쓰기도 한다.

---

61) 초원에서 무지개를 보다 66p 참조
62) 몽골 유목민의 불 민속, 국립민속박물관, 장장식 학예연구관, 참조

옛 우리나라 문화에서도 화로를 매우 중요하게 여겼는데, 이는 불씨를 지키는 고대의 풍습에서 비롯된 것임을 알 수 있다. 불씨는 매우 중요한 삶의 한 구성요소이기 때문이다. 또 불씨는 집안의 재운(財運)을 좌우한다고 믿었으며, 시어머니에게서 불씨를 담은 화로를 물려받은 며느리는 이 화로를 소중하게 지키다가 자기 며느리에게로 물려주는 전통이 있었다. 작은아들이 분가(分家)할 때는 맏아들이 불씨 화로를 들고 이사하는 새집에 가장 먼저 들어갔다.[63)]

선사시대부터 불은 동서를 막론하고 중요한 재화 중 하나라고 여겼다. 불은 추위를 이겨내는 것부터 어둠으로부터 보호를 해줄 뿐만 아니라 맹수로부터 몸을 지킬 수 있는 수단이 되기도 하고, 또 음식을 익히고 데울 수 있는 절대적 기능을 지닌 매개체였다. 손쉽게 불을 사용할 수 있는 현대사회와는 달리 옛날에는 불씨를 쉽게 얻을 수가 없었다. 어렵사리 얻은 불씨는 소중한 것을 넘어 신성시해질 수밖에 없었다.

금기사항 중에는 게르 안에서 휘파람을 불거나 기둥에 기대서는 안 되고, 게르에 출입할 때는 문지방에 걸리거나 밟으면 다시 나갔다 들어와야 하는데, 이는 한국의 옛 관습에도 문지방을 밟는 것이 금기시되어 있다. 이는 문지방이 산 자와 죽은 자가 공존하는 공간을 가르는 곳이라는 의미도 있고, 문지방을 밟으면 복이

---

63) 한국민속대관1~6(고려대학교민족문화연구소, 1982), 한국의 주거 민속지(김광언, 민음사, 1988)참조

달아나게 한다는 의미도 있어, 문지방을 밟거나 앉아서는 안 된다. 이는 서양사상에도 존재하는데, 문지방을 밟는 것이 금기시되어 같은 맥락으로 이해할 수 있는 전통이기도 하다. 문지방에는 신이 산다고 하는 믿음 때문이다. 로마신화에 나오는 숲의 님페 카르나(Carna)는 돌쩌귀와 문지방의 여신이고, 인도에서는 풍요와 부귀의 여신 라크슈미(Lakshmi)가 앉는 좌석이라 매우 신성시한다고 한다.

물건을 보관할 때, 남자들의 물건은 서쪽에 놓고 여자들의 물건은 동쪽에 놓는다. 북쪽에는 가장의 물건이나 무기, 말을 다루는 마구, 나라에서 받은 상 등 귀중품을 놓는다. 새로 지은 게르에는 하다그(Хадаг)라고 부르는 곡식이 든 푸른 주머니를 매달고 풍요를 기원한다.[64]

몽골인들에게 게르를 만들고 조립하는 것은 하나의 관습이다. 오랜 세월 지켜내려 온 그들 공동체의 기원이고, 가족 간 유대의 강화와 변화된 환경에 적응하는 일종의 방법이라고 할 수 있는데, 이를 위한 가장 커다란 핵심은 우주에 대한 인식을 토대로 진행된다는 점이다. 어느 곳으로 옮길 것인가 하는 새로운 거주지의 선택은 가장이 결정한다. 가장은 반드시 구름이 없는 맑은 날에 이동해야 한다는 관념을 철저하게 지킨다. 이것은 이동하는 가족과

---

[64] 위키백과 몽골게르편 참조

가축 중 어린아이나 짐승들이 포함되어 있기에 안전이 보장되어야 하는 것이기에 매우 신중할 수밖에 없다.

기상에 대한 전통 지식을 통해 기후를 관찰하고 예측하여 이동할 날짜를 정한다. 이삿날 아침에는 주부가 일찍 일어나 기르는 가축의 젖을 짜고 차와 우유의 첫술을 자연에 드리고 나서야 식사한다. 새로운 거주지로 떠나기 전에 그동안 '복을 많이 내려준 곳' 노탁(Hyrar: 고향)의 정령에 대한 감사의 인사이다. 헌주를 드린 후에는 거주민이 게르의 왼쪽에서 오른쪽으로 돌아가면 일이 잘 풀린다고 여긴다.[65]

게르는 단순 거주지의 개념이 아니라 자신과 가족, 그리고 기르는 가축까지 보호되어야 하고, 아무 사고 없이 무탈해야 하는데, 그것이 인간의 힘으로 되는 것이 아니라 절대자 신(하늘)이라는 존재에 대한 경외와 흠모로 이루어진다는 앙천 사상이 몽골인의 의식 속에 뿌리 깊게 자리하고 있다는 증거이기도 하다.

3) 게르의 구조와 공간

오랜 역사 동안 게르는 유목민의 유목 생활에 맞추어 최적화되어 왔다. 한곳에 머무르지 않는 유목 생활의 특성상 이들의 주거는 쉽고 편하게 조립, 해체, 이동할 수 있는 구조로 단순화, 간결화된 형태가 되었다. 조립과 해체가 쉽도록 게르의 구조는 최소

---

65) 몽골의 전통주거 '게르'에 내재된 전통지식과 문화 공간적 특성, 비교민속학 제52집 280p 황경순, 인용

의 구성요소로 되어 있다. 게르의 뼈대가 되는 나무 구조물과 구조 전체를 덮을 수 있는 양털로 만든 덮개, 그리고 이 덮개를 묶는 줄, 이 세 가지가 가장 기본적인 구성요소라고 할 수 있다.

이 요소들은 원형 지붕틀인 '토오노', 지붕틀인 '오니', 원형 지붕틀을 받치는 기둥인 '바가나', 벽인 '한(Хана)', 문인 '할르끄(Хаалга)'이다. 여기에 몇 개의 외피를 덮으면 게르는 완성된다.

게르는 온 가족이 몇 달을 살아야 하는 주거지이기 때문에 계절에 따른 보온 기능, 크기나 내구성을 생각하지 않을 수 없다. 게르를 설치하는 시간은 약 2시간이면 되고, 해체하는 것도 2시간여 걸린다. 게르 중앙에는 난로의 역할과 취사도구가 되는 화덕을 둔다. 이 화덕은 단순히 내부를 따뜻하게 하는 것이 아니라 조

할르끄

상과의 유대를 상징하는 것이고, 곧 추운 겨울로부터 가족의 훈훈함을 유지하고 역할을 하게 된다. 그리고 내부 정면에는 반드시 가장의 침대가 놓인다. 그 침대의 좌측에는 불단(佛壇)이 마련되어 있고, 우측에는 가족사진 등이 걸린다. 그리고 가장의 침대 왼쪽에 아이들의 침대가 놓이고, 오른쪽에는 부인의 침대가 놓이게 된다.

게르의 좌향을 결정짓는 것은 출입구의 방향이다. 게르의 출입구인 할르끄는 기본적으로 남쪽을 향한다. 출입구가 남쪽으로 향하는 것 외에 게르의 입지를 결정하는 것은 없다. 현지인들이 게르를 지을 때 따로 입지를 구분하지 않는다. 평평하고 가축들을 잘 살필 수 있는 곳이 게르의 최적지가 된다. 다만 이전에 게르가 놓였던 곳을 범하지 않는 것은 몽골 유목민의 오래된 규범이다.

게르의 터는 바닥을 평평하게 하여 초지 위에 그대로 지었다. 초지를 그대로 사용한 이유는 혹한기나 궂은 날씨에 어린 가축들을 게르 안으로 데려와 보호하려는 목적 때문이었다. 현대에 와서는 바닥에 시멘트나 목재 등을 까는 사례가 많이 있다. 이렇게 조성된 게르 터는 일회용으로 사용되지 않는다. 게르의 기둥인 바가나를 세우기 위해 기둥 하부를 파야 하는데, 게르를 해체하여 다른 곳으로 이동할 때 파여 있는 바가나의 자리를 다시 메우지 않고 돌로 덮어 둔다. 그리고 게르 터도 정리하지 않고 그대로 두고 떠난다. 이 터는 유목민이 이곳을 다시 찾았을 때 사용하게 된다. 바가나를 세우기 위해 파낸 구멍을 돌로 덮어두는 이유는 게르에서 바가나를 가장 신성시하는 관습과 관련 있다. 몽골 유목민들은 다른 유목민이 남기고 떠난 게르 터를 함부로 밟지 않는다고 한다. 게르의 좌향을 결정짓는 남향의 할르끄를 기준으로 볼 때, 게르의 공간은 남북축과 동서축을 경계로 네 부분으로 나눌 수 있다. 여기에 원형 지붕틀인 던과 이를 받치는 바가나, 그리고 바가나 사이에 놓인 화로가 게르의 중심을 점유하고 있다는 점에서 중심 영역을 따로 구분한다면 크게 다섯 개의 영역으로 게르의 공간을 나눌 수 있다.

첫 번째 영역은 게르의 중심 영역으로, 채광을 조절하는 던의 하부 공간이자 바가나의 사잇 공간이다. 여기에는 화로가 놓이고 화로에서 남쪽 출입구 방향에 화로의 연료가 놓인다. 바가나에 선조들이 깃들어 있다고 믿기 때문에 바가나 사이의 공간으로 사람이 지나가는 것은 금기시하고 있다. 공간의 중앙인 바가나 사이에 있는 화로에 쓰레기를 태우지 않거나, 화로의 불을 외부인이 가져갈 수 없는 점도 이러한 의례적 관습에 기인한다.[66]

벽인 한의 경우 크기에 따라 4~6개, 혹은 8개, 10개, 12개를 사용하는 게르가 있는데, 12개의 벽체를 사용하는 경우 192개의 서까래가 들어가는 가장 큰 게르이다. 이 경우는 예전 칸이라 불리는 왕족이 사용하던 게르였고, 보통의 경우 4개에서 5개의 벽체를 사용하는 게르가 일반적이다. 일반적인 게르를 설치하는 데는 20~40분 정도의 시간이 소요된다.

---

66) 몽골전통주거 게르의 공간구조와 의미에 관한 연구, 대한건축학회 연합논문집, 제14권 제2호 김형준, 일부 전재

벽체 '한'

　게르의 세부적인 구성 요소 중 마루 만들기가 있는데, 마루는 무르(мор) 있는 마루와 무르없는 마루로 나뉜다. 마루는 겨울과 여름에 각기 다르게 놓이는데, 무르있는 마루는 여름에는 습기나 홍수를 고려하여 땅으로부터 조금 높여 사이가 뜨게 놓인다. 무르없는 마루는 겨울에 주로 놓이는데 게르를 따뜻하게 하는 데 적합하다.

　게르를 드나드는 문은 예전에는 네모난 틀을 짜서 고정하고 바깥쪽을 가죽이나 펠트 덮개로 덮는 형식이었으나, 지금은 나무로 만든 여닫이문이 대부분이다.

　벽인 한을 만들 때 예전에는 통나무나 막대기를 사용했지만, 최근에는 간편하고 가벼운 것으로 대체되었다. 격자무늬 조립식 벽이 게르의 기본 몸체를 이루는데, 주로 단단하고 유연한 버드나무로 만들어진다.

기본 몸체를 세우고, 펠트를 덮은 후 줄을 두르는데, 게르의 줄은 양이나 낙타의 털을 말의 털과 섞어서 튼튼한 줄을 만든다. 전통적인 방식으로 만드는 줄은 지금까지 여전히 사용하고 있는데, 안과 바깥, 위와 아래 줄로 구분된다. 게르의 압축과 압력은 줄을 통해 유지되며, 만약 줄이 끊어지거나 풀어지면 게르도 무너진다.

토오노, 환기창은 뒤쪽이 들린 채 만들어지는데, 이유는 게르의 안전을 위해서이다. 이를 위해 게르에 기둥이 사용된다. 기둥을 만들 때는 벼락을 피하는 자작나무가 주로 사용된다. 게르의 크기에 따라 1개에서 4개까지가 사용된다.

게르의 환기창은 게르의 면적을 크게 하거나, 빛을 들어오게 하는 등 게르의 구조를 결정하는 데 중요한 역할을 한다.

이 환기창을 통해 들어오는 빛의 방향과 각도로 시간을 알 수 있다. 또 천창은 집안에 빛을 줄 뿐 아니라 공기를 환기하고 화로의 연통을 통해 연기를 나가게 하는 역할을 한다. 몽골 게르는 공기의 순환이 가장 잘되는 주거지라고 할 수 있다. 밑으로 들어오는 맑은 공기와 바로 이 환기창을 통해 탁한 공기를 내보낸다.

게르의 기본 골격이 되는 '오니'라고 하는 서까래는 게르의 상체 부분을 이루며 환기창을 받치는 동시에 환기창, 서까래, 지붕의 무게를 벽체로 전달시키는 역할을 한다. 보통 서까래는 사시나무, 낙엽송, 버드나무로 만든다. 서까래의 한쪽은 날카롭게 하고 한쪽은 서까래와 벽체를 연결하는 작은 줄이 있다. 서까래는 대부분 빨갛고 끝이 푸른 색깔로 만든다. 서까래는 여러 가지 무늬로

치장되며, 문 쪽에 있는 서까래 끝에는 작은 줄이 없다.

　기본 골격을 세운 뒤에는 벽을 펠트 덮개를 덮는데, 게르의 크기와 치수에 따라 벽의 펠트 덮개는 몇몇 부분들로 구성된다. 작은 게르에는 3개의 펠트 덮개가 사용된다. 덮개는 게르 모양과 일치되어야 하며 일반 게르에는 여름에 3~4개 펠트 덮개가 필요하다. 겨울에는 큰 게르의 경우 8~12개의 펠트 덮개를 사용하게 된다.

　벽을 덮은 다음은 천장 덮개인데, 눈과 비가 올 때, 춥거나 더울 때 등 기후 조건에 따라 천장을 덮어주는 사각형의 펠트는 길이와 넓이의 규모는 옛날에는 토오노의 반지름과 비슷했지만, 시간이 흐르면서 보통 천장 덮개는 토오노의 지름보다 더 크게 만들어졌고, 재료도 일반 펠트가 사용되었다.

　마지막으로 게르의 밑자락을 돌려 싸는 작업이 있는데, 이를 하야브츠(хаявах)라고 한다. 게르 주위를 눌러 감싸는 하야브츠는 봄, 여름, 가을에는 주로 나무가 사용되고, 겨울에는 펠트 몇 겹을 겹쳐 누벼 만든 것으로 문양을 넣어 만들기도 하는데, 따뜻한 날 바람이 없으면 접어서 두고, 바람이 불면 펠트 자락을 이것으로 눌러 놓는다.[67]

　게르의 전체를 에워싸는 것을 에스기(эсгий)라고 하는데, 에스기는 양털을 펴서 다져서 만든다. 겨울에는 두 겹 내지는 세 겹으로 벽을 감싸고, 여름에는 한 겹으로 감싼다.

---

67) 노마드적 이동공간의 현대적 적용가능성 연구 – 몽골 이동주거 게르를 중심으로, 이란표, 체웬 에르댕, 청소년시설환경 제8권 제3호 (2010년 8월), 참조

이러한 구성 요소들과 외피들은 모두 한 마리의 낙타에 싣고 이동할 수 있다. 유목민의 유목 생활에 최적화된 주거 구조라 할 수 있다.[68] 게르를 설치할 때는 집안의 가장 어른이 게르를 설치할 위치를 선정하는데, 사계절 중 겨울을 가장 중요시해 바람을 피할 수 있는 장소로 정한다. 남북으로 작은 언덕이 있으며 동서로는 산등성이가 있는 분지를 최적의 장소로 생각한다.[69]

대부분 게르의 내부는 최소한, 최적의 생활을 위한 몇 가지 공통된 구조로 나뉘는데, 대부분 난로(옛날에는 골롬타라 부르는 화로를 사용했다)와 연료용 상자 그리고 의자 딸린 작은 상자, 긴 의자, 침대, 상자, 취사용 아궁이, 마유주 통, 세면기 등으로 나뉜다.

난로는 게르 내부를 고르게 난방할 수 있도록 게르의 가장 중앙에 설치한다. 몽골인들이 가장 신성시 하고 중요하게 여기는 것이 이 난로다. 난로의 연료로는 대부분 목축하는 동물들의 배설물을 말린 것을 사용한다. 8, 9월이면 건조해지는 날씨 탓에 바람과 햇빛에 풀들이 말라 죽어간다. 방목되어 있는 가축들의 식생은 거의 초지의 식물이기 때문에 이곳저곳에 배설해 놓은 가축들의 배설물은 바짝 말라 섬유질만 남는다. 이 배설물은 초원에 살아가는 몽골인들에게는 대단히 귀중한 연료로 쓰인다. 바짝 마른 배설물을 수거해 연료용 상자에 넣고 모아두었다가 연료로 사용하는데

---

68) 대한건축학회연합논문집 제14권 제2호 통권 50호, 몽골전통주거 게르의 공간구조와 의미에 관한 연구, 김형준 33p, 인용
69) 몽골의 주거생활과 난방방법, 김남응 169p 인용

화력도 좋고 냄새도 전혀 나지 않는다. 양의 배설물이 가장 화력이 좋다고 하는데, 철을 녹일 정도 고열을 낼 수 있다. 말의 배설물은 연기가 나지만 불이 쉽게 붙는 장점이 있어 빠르게 불을 피워야 하는 데는 요긴하게 쓰인다. 예전 우리나라의 연료가 장작이었을 때, 빨리 불을 피우기 위해 빠르게 타는 잔솔가지를 사용하던 것과 같은 이유다.

특히, 몽골초원의 겨울은 대단히 춥다. 겨울이 길고 1월은 −15℃ ~ −35℃를 오르내리는 추위가 맹렬하다. 심할 때는 −55℃까지 내려가는 경우도 있다. 이처럼 혹한에 드넓은 초원에 자리 잡은 게르는 주변에 방풍 역할을 할 수 있는 요소가 하나도 없다. 따라서 게르는 추위와 바람 앞에 난공불락의 요새가 되지 않으면 안 된다. 겨울에는 게르를 두 겹이나 세 겹의 양털 펠트로 감싸고, 땅에 닿는 부분은 흙을 돋우어 물을 뿌려 얼려서 냉기가 안으로 침투하는 것을 방지한다. 철저한 방풍은 내부 온도를 높이는 일이 비교적 쉽다. 게르 중앙에 설치한 난로 하나로 난방이 가능한 이유다.

강인한 몽골인들의 기질은 거친 초원의 영향도 있지만, 혹독할 만큼 강렬한 추위에 적응하며 살아가는 그들의 강한 정신에서 비롯된 것일지도 모른다.

몽골의 모든 것은 초원으로부터 얻어진다. 아니 하늘이 베풀어 준 것이라고 그들은 믿는다. 풍부한 수원(水原)이 없을지라도, 기름지고 풍요로운 초목이 부족할지라도, 늘 평안히 쉬고 잠들 수 있는 안락한 환경이 없을지라도, 초원의 몽골인들은 주어진 현실에 감사하며 살아간다. 초원에서 목축하고, 가축으로부터 얻어지는 젖, 고기, 가죽, 양털 심지어 배설물까지 모든 것이 초원에서 얻어지는 것이다.[70]

소의 젖을 짜는 유목민 여인

일상을 마치고 여가를 즐기는 오브스 아이막 두르부드 족 여인

---

70) 비교민속학 22집 174p참조

4) 게르의 구조적 특성

대부분의 고대인은 동서를 막론하고 자연과 우주의 현상을 관찰하면서 삶의 가장 합리적인 결과를 도출했다. 밤하늘의 달과 별을 보고, 찬란하게 아침을 밝히며 떠올랐던 태양이 드높은 하늘을 활공하며 사위를 밝히며 만물에 빛을 주다가 하루를 마감하고 서녘으로 저무는 것을 보고 밤과 낮의 길이와 그 움직임을 관찰하고, 삶의 패턴이 만들어졌고, 지혜가 생겨났다.

4천6백여 년 전 이집트에서는 피라미드를 만들어 천문학을 발전시켰고, 4천5백 년 전, 지금까지 미스터리로 남아있는 영국 솔즈베리 평원의 스톤헨지는 한여름과 한겨울의 햇빛을 측정해 하지와 동지를 관측했고, 고대 그리스에서는 식별할 수 있는 별과 별자리로 망망한 바다에서 길을 찾아내기도 했다.

몽골인들 역시 고대부터 태양과 달의 이동을 비롯한 음양(apra билэг)의 법칙을 관찰하면서 연월일, 방향, 시간과 절기를 측정하는 60주기표를 만들어냈다. 달력과도 같은 60주기표는 일상생활에서 다양하게 활용되며 삶의 지표가 되기도 했다. 이 주기표를 활용하는 옛 몽골인들의 지혜는 따로 문자로 기록하지 않아도 삶에서 활용되었는데, 주거지인 게르에서 이를 반영했다.

가장 일반적인 게르의 경우, 벽은 4개인데, 각각 14개의 '머리'를 가지고 총 56개의 기둥으로 지탱된다. 인방에 연결된 4개의 기둥까지 합치면 총 60개가 된다. 즉 기둥이 이루는 각은 달력 주기를 구성하는 60년의 한 해에 해당한다. 또한 게르에는 천창인 토오노에 꽂는 오니가 대체로 60개인데, 오니 사이는 60분으로 인식된다.

천장의 창, 토오노는 환기구이기도 하고 햇빛이 들어오는 곳이기도 하다. 유목 몽골인들은 이곳을 통해 들어오는 햇빛으로 시간을 측정했다. 햇빛이 게르의 토오노 가장자리에서 오니 하나의 상단으로 이동하는 과정에 따라 시간을 측정하는 것이다. 가축의 젖짜기, 가축을 풀 뜯길 시간, 이 모든 일들을 게르 천장을 통해 들어온 햇빛을 보고 결정한다. 게르 안에서 토오노를 통해 들어오는 햇빛과 달빛으로 해와 달이 뜨고 지는 것과 아침과 낮, 저녁 시간을 알 수 있는 것도 게르의 구조적 특성 때문에 가능하다.

유목민의 시간에 대한 측정은 게르의 구조뿐 아니라 집 뒤쪽의 펠트 카펫, 침상 머리맡으로 이동하는 과정에 따라 시간을 측정하기도 했다.

예를 들어 오전에는 해가 벽 머리 쪽에 비치기 때문에 아침에는 벽에 비친 모양을 보고 시간을 확인한다. 오후에는 동북쪽에 깔린 깔개에 비친 햇빛으로 저녁까지의 시간을 확인하는데, 집 뒤쪽에 놓인 카펫의 자수방식(자수의 경계에 왕의 축과 왕비의 축의 교차지점)에 해가 비추는 것을 보고 시간을 파악하는 전통은 몽골 유목민이 지닌 특수한 전통적 방법이다.

60주기표로 절기와 시간을 나누면서 6의 배수인 12를 십이지(十二支)로 구분하고 음력 12월로 나누었다. 게르 내부를 열두 개의 방향에 따라 각기 십이지인 열두 가지의 띠로 나누어 불렀다.

문의 서쪽에 닿는 벽의 끝부분은 푸른색 암컷 양에 해당하고, 네 번째 벽 또는 벽의 마지막 끝부분은 노란색 수컷 원숭이에 해당한다. 나머지 세 개의 벽의 첫 번째 끝부분과 마지막 끝부분은 붉은색 암컷 닭, 검은색 개, 검은색 암컷 돼지, 붉은색 쥐, 붉은색 암컷 소, 흰색 호랑이에 해당한다. 네 개의 벽은 12지신을 세 개씩 묶어주고 있다. 특히 인방 서쪽 끝부분은 푸른색 말의 해, 정확하게 집 뒤쪽으로 떨어지는 기둥은 푸른색 수컷 쥐의 해에 해당한다. 게르의 출입구 반대쪽 부분인 호이모르(хоймор)를 숭배하고 쥐의 공간으로 여긴다.

십이지(十二支)는 고대 중국에서 만들어진 개념으로 농사, 의식, 행사 등을 진행하기 위해 시간과 날짜를 기록하고 측정하기 위해 만들어진 월령(月令)에 쓰인 단위로, 방위를 나타내기도 하는데, 이를 열두 동물로 대응해 열두 방위를 지키는 십이신장(神將)으로 묘사되기도 한다. 이 열두 동물은 나라마다 약간 다르다. 한국은 쥐, 소, 호랑이, 토끼, 용, 뱀, 말, 양, 원숭이, 닭, 개, 돼지로 십이지신을 표현했다. 한국의 십이지신은 암수나 색의 구분이 없다. 몽골의 과거 십이지신은 쥐, 소, 표범, 산토끼, 악어, 뱀, 말, 양, 원숭이, 닭, 개, 돼지 등으로 이루어져 있었지만, 지금은 우리와 같은 열두 가지 동물로 이루어져 있다. 유목민의 게르에서는 색과 암수의 구분이 있어 다른 의미를 부여한 것이 아닐까 한다.

나라별 공통되는 띠는 쥐, 뱀, 말, 원숭이, 닭, 개다. 나머지 동물들은 나라에 따라 당시의 사회 풍습과 삶에 미치는 상황과 영향에 따라 약간은 다른 동물을 십이지에 포함하고 있다. 한국의 양띠에 해당하는 미(未)가 중국에서는 양, 혹은 염소이고, 베트남, 태국에서도 염소다. 돼지띠에 해당하는 해(亥)는 일본에서는 멧돼지이고, 태국에서는 코끼리, 말레이시아에서는 땅거북이며, 네팔과 인도에서는 사슴이다. 소띠에 해당하는 축(丑)은 베트남에서는 물소이고, 호랑이띠에 해당하는 인(寅)은 중앙아시아에서는 표범, 호랑이이고 인도에서는 호랑이, 사자 등이다. 토끼띠에 해당하는 묘(卯)는 베트남과 네팔에서는 고양이, 말레이시아는 쥐 사슴, 인도에서는 스라소니다. 용띠에 해당하는 진(辰)은 태국과 말레이시아에서는 나가(Naga)[71], 네팔은 독수리, 중앙아시아에서는 달팽이, 인도는 갈매기, 이란은 악어, 고래 등이다.[72]

펠트 토이룰가(тойруулга)의 배치는 점성술 표의 9개 지점에 따른다. 사각형 9개 중 가운데 지점은 게르 중앙의 화로 아래에 까는 카펫에 해당하며, 골인오올 또는 '난로 바닥'이라고도 불린다. 9개의 사각형이 원을 이룬 형태에 따라 정확하게 3개의 토이룰가 카펫이 배치된다. 이 카펫은 가족의 힘, 단합, 조화를 상징했으며, 밟아서 파괴할 수 없는 것으로 간주하였다.

펠트 카펫이 만나는 배치는 샤머니즘에서 기원한 우주론적 인식을 반영한다.

각 카펫이 만나는 두 개의 선을 집의 축으로 여겼다. 게르의 북

---

71) 인도신화에 등장하는 반신(半神)격의 남성형 뱀으로, 한자로는 용으로 번역되기도 한다.
72) 나무위키(namu.wiki)십이지 참조

서 방향을 노욘헬트(ноён хэц), 십자 축을 하탄지그(хатан зээг) 또는 하탄헬트(хатан хэц)라고 한다. 이는 왕의 축과 왕비의 축으로 일컫기도 한다. 노욘헬트의 선을 밟거나 북쪽 끝에 앉는 행위는 엄격하게 금지되었다. 특히 카펫의 배치로 만들어지는 십자 모양의 각 끝은 가족구성원인 어머니, 아버지, 딸과 아들을 뜻하는 상징으로 '가족의 사각형(ам бүлийн дөрвөлжин)'을 형성한다.

지붕의 환기창을 덮는 사각형의 펠트 어르흐는 늘 덮어 놓는데, 이는 게르 안의 보온을 위해서이기도 하지만, 온 집안을 보호해 주는 수호신을 집안에 머무르게 한다는 상징도 강하다. 환기구는 집의 가장 위쪽에 있는 것으로 하늘과 가장 가까이 소통하고 닿을 수 있는 곳이라는 의미가 있기에 환기구나 그 덮개 위를 걷거나 앉는 등의 행위를 삼간다. 환기구는 예로부터 푸른 하늘인 대우주와 소우주인 인간이 소통하는 매개체로 간주했기 때문이다.

요컨대 둥근 천막인 게르는 유목민에게 하늘이며 소우주이다. 몽골의 게르는 유목민들이 세상을 보는 시각과 존재의 기원을 보여주는 건축물이다. 사람과 자연이 어떻게 어울려 살 수 있는지를 게르에 잘 반영하고 있다.[73]

---

73) 비교민속학 제52집, 몽골의 전통주거 '게르'에 내재된 전통지식과 문화 공간적 특성, 국립문화재연구소, 고려대학교, 황경순, 참조

5) 게르의 색상 및 문양

 몽골인들의 주거문화는 대부분이 초원 위의 게르인 까닭에 현대식 공동 주택단지가 들어서기 이전까지는 게르가 대부분의 몽골인 생활의 터전이고 삶이고, 사상이고, 문화다. 따라서 몽골인들의 게르만이 지니는 독특한 색채와 문양은 그들의 삶에서 녹아나오는 예술세계라고 볼 수 있다.

 몽골인들이 가지는 색채에 대한 의식은 독특하다. 이것은 몽골인의 유목 생활과 밀접한 관련이 있다. 유목 생활에서 가장 많이 등장하는 색채는 모두 다섯 가지 색채인데, 즉 녹색, 흰색, 노란색, 푸른색, 그리고 붉은 색이다. 이러한 색채의 상징은 녹색은 푸른 초원의 풀을, 흰색은 가축의 젖, 혹은 유제품을 뜻하며, 노란색은 태양과 승려, 푸른색은 하늘을, 그리고 붉은 색은 불(火)을 상징한다.

 게르에 사용되는 문양은 몇 가지로 나뉘는데, 첫째, 기하학적 형상에서 기원한 문양, 둘째, 동물 형상에서 기원한 문양, 셋째, 식물 형상에서 기원한 문양, 넷째, 자연현상에서 기원한 문양, 다섯 번째, 사물, 그 상징성에서 기원한 문양 등이 있다.

 기하학적 형상의 문양에는 연속문양(알항-헤에 Алхан хээ)과 길상문양(吉祥文樣-얼지-헤에 Өлзий хээ)이 있다. 연속문양은 망치 모양의 문양이란 뜻의 기하학적 구조를 지닌 그림 형태의 문양이 있는데, 이 선 문양이 연속되는 문양이다. 길상문양의 길상(吉祥)은 산스크리트어로 좋은 일, 경사스러운 일, 순조로움 등을 뜻하는데, 길상문양은 동식물과 자연현상 그리고 문자를 해석한 문양으로 인간의 욕망과 소망을 담은 일종의 축원이라고 볼 수 있다. 이 문양이 삶 속에 깊숙이 들어와 예술로 그 기원을 담아낸 것이다.

동물 형상에서 기원한 문양의 대표적인 것으로 뿔 문양은 초원이나 산 위에 사는 동물들의 뿔을 묘사한 것으로, 특히 장대한 뿔을 자랑하는 염소의 일종인 양기르(янгир)의 뿔은 역사적으로 돌궐제국의 칸이나 황자들의 상징이었다. 오늘날 몽골인들은 뿔 문양이 장수를 기원하고 평화로운 삶을 상징한다고 여기고 있다. 유목 몽골인들에게 가장 중요한 것이 가축들이다. 목축하는 가축들의 양육번식을 강인한 기상인 뿔 문양으로 상징하여 묘사하여 그 기원을 담았다고 볼 수 있다.

식물 형상에서 기원한 문양은 대표적인 것이 다섯 개의 꽃잎을 지닌 패랭이꽃, 여섯 개의 꽃잎을 지닌 목련, 네 개의 꽃잎을 지닌 십자형 꽃과 연꽃 등이 있다. 유목 몽골인들에게 초원은 생명의 보고이다. 그 속에서 살아가는 그들에게 다양한 꽃의 형상은 고귀하고 성스러운 선물로 간주하였다.

자연현상에서 기원한 문양은 해 문양, 달 문양, 산 문양, 구름 문양, 파도 문양, 무지개 문양, 불 문양 등이다. 이들 자연현상의 문양은 그들의 삶에서 가장 깊게 드리운 앙천 사상에서 비롯된 경외의 대상으로 여겨질 수 있는 문양들이다. 특히 사면이 대륙으로 둘러싸인 내륙에 위치한 몽골 초원의 지리적 배경에 아이러니하게 등장한 파도 문양은 그들의 삶과 환경 속에 없는 자연현상으로 초원과는 관계가 없는 바다라는 미지의 세계를 표현하고 있는데, 이는 현실의 상황이라기보다, 그들의 내면세계에 대한 상징성이 더 의미 깊다고 할 수 있다. 혹은, 대원제국을 건설한 13세기 칭기스 칸의 정복 전쟁으로 깊은 상흔을 남긴 고려의 예술적 전파가 그 영향을 미친 것이라고도 볼 수 있는 형상이다.

파도 문양은 밝게 파도치는 형상으로 만드는데, 성스러운 바다 위에 떠오르는 해처럼 생명의 빛이 들어오라는 기원과 함께 불길한 것이 바다로 떨어져 사라져 버리라는 의미를 지니고 있다.

사물과 그 상징성에서 기원한 문양은 몽골의 문화 예술, 명절과 풍습에서 상징적인 의미로 사용되고 있는 문양들이다. 대표적인 문양은 소욤보(Соёмбо)를 들 수 있다. 몽골의 국기에도 사용된 이 문양은 고대인도의 표준문장어인 산스크리트어(Sanskrit)를 바탕으로 해서 기원하였으며, 1688년도의 하다그 토즈(хадаг түүз) 문양, 화살 문양 등을 예시로 들 수 있다.

몽골인의 문자인 소욤보는 특별한 문양의 형태를 띠고 있는데, 소욤보는 몽골의 상징으로 여겨지고 있으며, 몽골의 국기와 국장 그리고 공식 문서에 많이 사용되고 있다. 소욤보를 구성하고 있는 문양은 불, 태양과 달, 두 개의 삼각형, 두 개의 직사각형, 태극문양, 가로의 두 개의 직사각형 등으로 구성되어 있다.

- 불은 일반적으로 영원한 성장, 풍요로움, 성공의 상징이며, 세 개의 불꽃은 과거, 현재, 미래를 뜻한다.
- 태양과 달은 아버지의 하늘(텡그리)에 대한 숭배사상의 상징이다.

- 두 개의 삼각형은 화살이나 창의 뾰족한 끝 부분을 암시하고 있으며, 삼각형이 아래쪽으로 향하고 있는 것은 안과 밖의 적을 무찌른다는 것을 뜻한다.
- 세로로 된 두 개의 직사각형은 원형보다 안정된 형태를 하고 있는데, 직사각형은 몽골 국민의 정직함과 정의를 뜻하며, 위에서나 아래에서나 모두 가지고 있음을 뜻한다.
- 태극은 남성과 여성이 서로를 완전하게 해준다는 것을 뜻한다.
- 가로로 된 두 개의 직사각형은 요새의 벽으로 해석되며, 이는 단결과 힘, 그리고 '둘의 우정은 돌로 된 벽보다도 강하다.'라는 몽골 속담을 뜻한다.[74]

이들 문양에 채색하는 방법은 다색을 겹치게 하고 무지개처럼 보일 수 있도록 하고 있다. 그리고 배색하는 방법은 고채도·중채도·저채도 순서로 하는 것으로 나타났다.[75]

게르 기둥의 길상문양과 뿔문양

---

74) 위키백과 참조
75) 몽골 전통 가옥(Ger)의 문양 및 문양 색채에 관한 연구, 한국디자인지식학회, 주저자: 여화선 (Yeo, Hwa Sun)*경희대학교 예술·디자인대학, 공동저자: 서주환 (Seo, Joo Hwan)경희대학교 예술·디자인대학 환경조경디자인학과, 교신저자 : 어치르 바트치멕 (Ochir, Batchimeg), 경희대학교 일반대학원 환경조경학과, 참조, 인용

6) 7세기 중국문화에 나타난 몽골 게르

북방 민족들의 동서양 여행기에 게르에 대하여 다양한 기록들을 남기고 있는데, 북방 민족의 게르가 중원지역에서 가장 서정적으로 소개된 것이 북위(北魏) 시대의 고차(高車) 부족의 민요 '칙륵가(勅勒歌)'이다. 칙륵은 고대 중국 경내에 살았던 유목민족 중 하나이다. 칙륵(敕勒), 철륵(铁勒), 고차(高车)라고도 불렀으며, 옛 명칭으로는 정녕(丁零), 적력(狄历)이라고도 했다. 원래 선비족의 언어로 된 민가를 이후 북제(北齊) 시대에 한족의 문자로 번역되었다. 북제는 중국 남북조시대 북조의 왕조다. 존속 기간은 550년~577년이다.

칙륵족이 사는 대초원은 음산(陰山)[76] 산맥의 아래쪽,
敕勒川 阴山下
게르와 같은 둥근 하늘이 온 들판을 감쌌네.
天似 穹庐 笼盖四野
하늘은 짙푸르고 들은 끝이 없는데,
天苍苍 野茫茫
바람부는 풀밭에 보이는 소와 양떼들.
风吹草低见牛羊

---

76) 음산은 내몽고자치구 중부에 있는 동서로 긴 산맥이다. 황하중류가 북으로 흐르다 이 산에 막혀 동으로 방향을 틀었다가 다시 남으로 흘러간다.

칙륵가에 묘사된 북방 민족의 주거 형태인 게르는, 중국 당대(唐代)에 이르러 지배계층 인사들이 혹한이 다가오는 겨울이 되면 자기 집 정원에 설치하여 눈보라 치는 밤에 술과 담소를 즐기는 겨울 별장으로 애용되었다. 이러한 지배계층의 습속을 가장 잘 보여주는 문헌이 당나라 중기(中期)의 시인 낙천(樂天) 백거이(白居易)의 만년 시가인 '푸른 게르(靑氈帳)'와 '게르·화로와 작별하며(別氈帳火爐)'에서 잘 나타내고 있다.

- 푸른 게르(靑氈帳)

천 마리의 양의 털을 합쳐 모으고
백 자루의 쇠뇌를 걸쳐놓은 듯
빼대는 변방의 버들을 돌려서 튼튼하고
색상은 변방의 남색염료로 물들여 선명하다.
[원래] 북방의 제품으로 융적(戎狄)에 의해 시작되어
오랑캐 이동 따라 남방으로 옮겨왔다.
바람이 비켜가니 불어도 흔들리지 않고
비를 막아내어 습하면 더 질겨진다.
정수리 있어 중앙은 솟아올라 있고
모서리 없이 사방이 둥글며
옆에는 출입구를 내 활짝 열리고
안은 밀폐되어 공기가 따뜻하다.

멀리 [북방] 관산(關山) 밖과 달리
[이곳으로 가져와] 처음으로 정원 문 앞에 들여놓았다.
[북방에 즐비할 때와 달리] 달 밝은 밤 외로운 그림자만 드리우고
추위로 고생하는 해에는 가치가 있구나.
펠트를 둘러서 [안은] 따뜻하고
악기를 연주하면 쟁쟁하게 울린다.
서리 내린 뒤의 땅에 가장 적합하며
눈 오는 날에는 안성맞춤이다.
한옆에 나지막이 노래 자리를 만들고
작고 평평한 춤마당 펼쳐[노래를 하고 춤을 공연하는 것도 나쁘지
한가한 때는 발을 걷어 안으로 들어가고
취하면 바로 도포를 끌어 덮고 잠들기도 한다.
쇠 등불걸이는 옮겨서 등불 뒤로 두고
은빛 향로는 불씨 담아 걸어두니
새벽까지도 난등(蘭燈)은 [잦아드는] 불꽃을 간직하고
밤새도록 향 연기를 감싸니 새어 나가지 않는다.
[사치스러운] 수탄(獸炭) 따위 가까이 할 필요도 없고
[비싼] 여우 갖옷도 집어던져 버린다.
벼루도 따뜻하여 얼었던 먹도 녹고
병 속의 물도 미지근해져 봄물처럼 변한다.
[향 풀을 모아 만든] 혜장(蕙帳)은 부빌 없이 은사를 부르고
띠 풀 초가집(茅庵)은 좌선에나 알맞지만
[이 게르는 그런 근심 없으니] 빈한한 승려는 분명 경탄하며 선망

가난한 선비도 틀림없이 오래 머물고자 하리라.
이 게르 안에서 빈객을 맞이하고
죽은 뒤에는 자손에게 남기고자 한다.
[옛날 진나라] 왕헌지(王獻之)가 가보(家寶)인 푸른 모포(靑氈)였지만
아무래도 이 푸른 게르에는 미치지 못했으니.

- 게르·화로와 작별하며(別氈帳火爐)

생각난다. 지난 동지섣달에
북풍이 3척(尺)의 눈을 [몰아와서 날씨가 매우 추웠다.]
나는 늙어 추위를 견디지 못하니
기나긴 밤을 어떻게 보낼까[하는 생각에 괴로웠지만]
다행히 푸른 게르가 있어
바람 앞에 손수 펼쳐 세워서 [들어갔다.]
또 이 붉은 불꽃의 화로는
[잘 타서] 눈 속에서도 따뜻함을 선사했지.
[그래서] 물고기가 연못물에 들어간 것 같고
[또] 토끼가 깊은 굴속에 숨어 들어간 것처럼 [거기에 들어가 잠잤다.]
나른해져 칩거한 용이 깨어나는 듯했다.
음울한 저녁을 한참 편안하게 보냈는데
어느덧 따뜻한 시절로 변해 [그것도 필요 없게 되었다.]

계절이 바뀌어 하는 수 없는 것이지
결코 [게르의] 은혜를 잊었기 때문은 아니네.
[이리하여] 펠트 게르는 날이 가매 거두어두고
[게르의] 향과 화톳불도 재가 되어 사라져간다.
[게르의 화로여] 이 좋은 계절 봄에 너와 헤어짐은 한스럽지만
겨울 시월이 되면 다시 만나리니.
다만 몸만 튼튼하다면
오랜 이별은 아니리라.[77)]

게르가 유목민족의 삶과 죽음의 경계에서 치열한 삶의 안식처였다면, 당나라의 지배층들은 이처럼 뜰 앞에 설치하여 겨울을 즐겼던 특별한 고급 별장이었다. 게르의 본질이 사라진 지배계급의 향락이라고 할 수 있다. 백낙천의 시에는 게르의 훌륭함에 반한 그의 속마음을 볼 수 있는데, 한겨울 즐기던 여우 털옷까지 벗어 던졌다고 노래하고 있다. 매서운 추위가 몰아치는 한겨울에도 게르 안에 두었던 '벼루도 따뜻하여 얼었던 먹도 녹고 병 속의 물도 미지근해져 봄물처럼 변한다.' 라고 찬사를 아끼지 않았다.

21세기에도 몽골초원에는 아직도 게르에서 삶을 영위하는 사람들이 많다. 주거지의 본질을 부인할 수 없는데, 현대에 들어서 일부 놀이나 행사의 진행을 위해 게르를 사용하는 사람들도 늘어나고 있다.

---

77) 몽골의 게르(Ger)에 나타난 북방문화원형 디자인 연구, 백승정, 박원길, 일부전재, 참조

7) 13세기 유럽인이 본 몽골의 게르

13세기 프랑스의 사제 윌리엄 루브룩(William of Rubruck)은 국왕 루이 9세의 후원으로 몽골을 방문해 1254년 뭉흐 칸[78]과 회견을 했고 몽골에 머물렀는데, 그때의 견문을 기록으로 남겼다. 루브룩은 몽골 제국을 포함, 중앙아시아의 여러 지역을 여행했다. 그의 여행기는 마르코 폴로(Marco Polo)와 이븐 바투타(Ibn Battuta)[79]에 비견되는 중세 지리 문학의 걸작 중 하나로 평가받고 있다.

특히 주거지인 게르에 대하여 '타타르인과 그들의 가옥' 이라는 주제로 상세한 기록을 남겼다. 여기서 타타르는 몽골을 지칭한다.

『그들이 잠을 자는 가옥은 서로 얽힌 가지로 만들어진 둥그런 테를 기초로 삼고, 그것을 지탱하는 많은 가지가 꼭대기에 있는 작은 테를 중심으로 모아진다. 그 꼭대기에 마치 굴뚝과 같은 목이 하나 솟아 나와 있다. 그들은 가옥을 펠트로 덮는데, 아주, 자주 그 펠트를 석회나 흰색 진흙 그리고 뼛가루 등으로 발라서 더 희고 반짝거리게 하며, 때로는 그것을 검게 칠하기도 한다. 그리고 그들은 꼭대기에 있는 목 근처를 여러 가지 무늬로 장식한다.

---

78) 칭기스 칸의 손자이며, 쿠빌라이 칸, 아리크 부케의 형이기도 하다. 묘호는 헌종(憲宗), 시호는 환숙황제(桓肅皇帝)이다.
79) 이븐 바투타는 중세 모로코의 위대한 탐험가이자 모험가이며, 이슬람 국가와 중국, 수마트라에 이르기까지 12만km에 달하는 광범위한 여정을 묘사한 여행기(리흘라)를 썼다. 이 여행기는 문화 인류학적 가치가 크다. 네루는 이븐 바투타를 역사상 가장 위대한 여행가 가운데 한 명으로 꼽았다.

이와 유사한 방식으로 그들은 천막의 입구에 다양한 패턴으로 된 펠트 조각을 걸어놓는다. 그들은 한 조각의 펠트에 색깔이 다른 것을 꿰매어 붙여서 포도 넝쿨, 나무, 새, 동물 등의 모양을 만든다. 이러한 가옥들은 때로 직경이 30피트(약 9미터)에 달했으며, 그 가옥이 수레 위에 있을 때 양쪽의 바퀴 너머로 적어도 5피트(약1.5미터)씩은 더 튀어나와 있다. 하나의 전막을 실은 수레 하나를 끄는 소의 수를 세어보니 22마리였는데, 수레의 폭에 맞게 11마리가 끌고 또 다른 11마리가 그들 앞에서 끌고 있었다. 수레의 축은 배의 돛대처럼 거대했으며, 수레 위에 놓인 천막의 입구에 서 있는 한 사람이 소들을 몰고 있었다.

이 밖에도 그들은 얇게 자른 나뭇가지를 짜서 커다란 상자 하나를 만들 정도의 네모 판들을 만들고, 그 위에 다시 비슷한 가지들로 한쪽 끝에서 다른 쪽 끝까지 거북이 등껍질 모양으로 만들어 붙인 뒤 앞쪽 끝에 조그만 구멍을 만들어 놓는다. 그런 다음에 기름이나 암양의 젖을 바른 검은 펠트로 이 상자 혹은 조그만 모형 가옥의 표면을 덮어서 빗물이 새지 않도록 하고, 그것을 다시 천 조각이나 자수 등으로 장식한다. 이 상자 안에 그들은 각종 침구류와 귀중품을 넣고, 그것을 낙타들이 끄는 높은 수레에 끈으로 단단하게 매어서 강을 건널 수 있도록 한다. 그들은 이 상자들을 수레에서 절대 떼어내지 않는다. 그들은 수레 위에 있는 천막을 내려놓을 때는 항상 그 문이 남쪽으로 향하게 하고, 그 후 상자가 실려 있는 수레들을 천막이 있는 곳에서 돌을 던져서 닿을 수 있는 거리의 반쯤 되는 곳 양쪽에 세워둔다. 그래서 마치 두 개의 벽처럼 두 줄로 세워진 수레들 사이에 천막을 세운다.

그들은 입구가 남쪽으로 향하게 천막을 친 뒤에 주인의 침상은 북쪽 끝에 위치시킨다. 부인들의 자리는 항상 동쪽, 즉 그 집 주인의 왼쪽인데 그것은 그가 침상에 앉을 때 남쪽을 향하기 때문이다. 반면 남자들의 자리는 서쪽, 즉 그의 오른쪽이다.

천막에 들어갈 때 남자들은 어떤 경우에도 자신의 활 통을 여자들이 있는 쪽에 걸어두지 않는다. 주인의 머리 위에는 펠트로 만든, 마치 인형이나 조각과 같은 형상 하나가[80] 항상 걸려 있다. 그들은 그것을 가리켜 주인의 형제라고 부르는데, 이와 비슷한 것 하나를 여주인의 머리 위에도 두며, 그것을 여주인의 형제라고 부르며 두 개 모두 벽에 매어놓는다. 이 두 개 사이로 높은 곳에 작고 얇은 것이 또 하나 있는데, 그것은 말하자면 집 전체의 수호자인 셈이다. 집의 여주인은 그녀의 오른쪽에, 침상의 발치에 잘 보이는 곳에 염소 가죽 안에 양털이나 다른 것들을 채워 넣은 것을 놓아둔다. 부인들이 있는 쪽에서 입구에 가까운 곳에는 암소의 젖통으로 만든 또 다른 형상물이 있는데, 이는 소젖을 짜는 부인들을 위한 것이다.

그들이 음주를 위해서 모이게 되면 먼저 음료수의 일부를 집주인의 머리 위에 있는 형상물에 뿌리고, 그 다음에 다른 형상물에 차례로 뿌린다. 이어서 집사가 술잔과 약간의 음료를 가지고 집 밖으로 나가서 세 차례 무릎을 꿇으면서 뿌리는데, 불에 경의를

---

80) 웅곤이라고 부르는 조그만 우상인데, 자식과 가축과 곡식을 보호하는 대지의 신

표하며 남쪽을 향해서, 그다음에는 공기에 경의를 표하며 동쪽을 향해, 그다음에는 물에 경의를 표하며 서쪽을 향해서 그렇게 한다. 그리고 약간의 음료수를 북쪽에 뿌리는데, 그 이유는 죽은 사람들을 위해서 그렇게 하는 것이다. 이렇게 지상의 네 방향을 향해서 약간의 음료수를 뿌린 뒤에 집사는 다시 천막 안으로 들어온다.[81] 그러면 두 명의 시종이 두 개의 잔과 같은 수의 접시를 가지고, 가장 높은 위치에서 침상에 앉아 있는 주인과 그 옆에 앉아

게르 밖으로 나가 하늘에 음료를 뿌리는 여인

---

81) 유목민들의 마유주를 뿌리는 관습

있는 부인에게 음료수를 가져다주려고 준비한다. (집주인은 잔을 손에 들고 마실 때, 마시기를 앞서 땅 위에다가 그 몫을 바치기 위해서 붓는다. 만일 그가 마상(馬上)에서 마실 때면 마시기 전에 말의 목이나 갈기 위에 약간 붓는다.)그는 한 명 이상의 부인을 두고 있으므로, 그가 밤에 같이 잠을 잔 부인이 낮에도 그의 옆에 앉고, 나머지 다른 모든 사람은 그날 그녀의 천막으로 와서 마신다. 그날의 궁정은 그곳에서 열리며 그날 주인에게 바쳐진 선물들은 그 부인의 창고에 놓아둔다. 천막의 입구에 말 젖이나 다른 음료수로 가득 찬 가죽 주머니와 몇 개의 컵들이 놓여 있는 긴 의자가 놓여 있다.」

루브룩이 설명하는 몽골인의 관습은 몽골제국 시기의 칭기스 칸 일족들의 유목 생활에 관한 내용으로, 칭기스 칸의 손자인 바투 칸[82]의 26명의 부인에 대한 설명이며, 이 부인들은 각자의 커다란 천막, 즉 게르를 지니고 있었다. 또 대 칸을 만난 루브룩은 황제의 게르에 대한 설명으로,「천막의 내부는 완전히 금실로 짠 천으로 덮여 있었고, 중앙에 조그만 화로에는 나뭇가지와 굉장히 키가 크게 자라는 쑥의 뿌리, 그리고 가축의 똥을 넣어 지핀 불이 타오르고 있었다. 대 칸은 침상에 앉아 있었고, 여기저기 점이 박히고 마치 물개 껍질처럼 아주 반짝거리는 모피를 걸치고 있었다.」라고 설명했다.

---

82) 바투 칸은 주치 칸의 차남으로 뭉흐 칸의 즉위를 지지했으며, 1251년 뭉흐 칸을 추대한 공로로 뭉흐로 부터 자치권을 승인받았다. 바투는 1221년부터 1223년 할아버지 칭기스 칸의 서방 원정에 참여했고, 칭기스 칸의 핵심 오른팔이었던 명장 수베데이의 휘하에서 소부대를 이끌고 활동했다.

윌리엄 루브룩에 앞서 몽골을 방문한 이탈리아의 플라노 카르피니(Giovanni da Pian del Carpine)는 프란치스코 수도회 소속의 수도사로 교황 인노켄티우스 4세(인노첸시오 4세)의 명령으로 교황의 친시를 가지고 1946년 새로운 대칸[83]의 즉위식에 참석했다. 카르피니는 이때의 방문으로 몽골에 대한 인상을 여러 가지 전했는데, 이 중에서 황제가 머무는 게르 즉, 시라 오르두(Shira Ordu)에 대한 설명과 인상을 짧은 글로 남겼다.

시라 오르두는 몽골어로 '황색의 궁장(宮帳)'을 뜻하는데, 문지방과 기둥을 모두 금(金)으로 쌌기 때문에 '금장(金帳)'이라 불렀다. 외벽은 격자형 나뭇가지로 되어 있고 지붕은 금실로 짜인 천으로 덮여 있었다. 몽골제국 시대에 시행되던 제도의 관행에 따르면, 오르두는 대 칸의 거처이지만 사실은 그의 부인들의 거처이기도 했다. 카르피니의 증언에 따르면 시라 오르두는 2천 명 이상을 수용할 정도로 거대한 규모였으며 흰색 벨벳으로 만들어졌고, 그 주위에는 목책이 세워졌다고 한다. 카르피니가 구육 칸의 즉위식에 참석했을 때, '황금의 오르두(Golden Ordu)'가 설치되어 있었는데, 이 천막(게르)은 금판으로 덮인 기둥들로 받쳐지고 금 못이 박힌 나무 들보들에 묶여 있었다고 한다.

황제의 화려한 게르와 달리 일반적인 게르에 대한 인상기도 짧게 기술되어 있다.

---

83) 대칸은 구육 칸으로 칭기스 칸의 손자이거, 몽골 제국의 3대 칸이다. 1246년부터 1248년까지 재위에 있었다. 묘호는 정종(定宗), 시호는 간평황제(简平皇帝)이다.

『그들의 숙소는 천막처럼 둥글며 가지나 가는 막대기들로 만들어진다. 가운데 둥그런 구멍이 나 있어 빛을 받아들이기도 하지만 연기를 빠져나가게도 하는데, 이것은 그들이 항상 그 중앙부에서 불을 피우기 때문이다. 측면의 지붕은 펠트로 덮여 있고 문도 펠트로 되어 있다. 이 집들은 큰 것도 있고 작은 것도 있는데, 크기는 그곳에 사는 사람의 중요성이나 영향력에 따라서 다르다. 어떤 것은 신속하게 해체되고 조립되며 가축 위에 싣고 다니지만, 어떤 것은 해체될 수 없고 수레 위에 실린 채로 이동한다. 수레에 싣고 다닐 때 작은 것은 수레 한 대면 족하지만, 큰 것들은 세 대나 네 대, 혹은 크기에 따라 더 많은 수가 필요하다. 그들은 어디를 가든, 전쟁터든 아니든, 숙소를 항상 가지고 다닌다.』[84]

유럽인의 시각으로 본 13세기경의 몽골 유목민들의 삶은 생경하면서도 독특한 문화를 지닌 민족으로 묘사되어 있다. 그들이 기술한 주거문화는 초원을 유랑하는 일반인들의 주거문화라기보다는 그들이 만났던 대 칸이나 왕족, 귀족들의 주거문화에 대한 감상이라고 할 수 있다. 그러나 그 당시 그들이 보고 느낀 감상은 몽골 유목민들의 주거문화인 게르를 이해하는 데 많은 도움을 받을 수 있다.

---

84) 몽골제국 기행, 마르코 폴로의 선구자들, 플라노 카르피니, 윌리엄 루브룩, 김호동 역주, 까치, 일부내용 전재

8) 마르코 폴로(Marco Polo)가 본 황제의 게르

1254년 베네치아 공화국에서 출생한 마르코 폴로는 베네치아의 상인으로 아버지, 삼촌과 함께 동방으로 여행을 떠나 중국 각지를 여행하고 원나라에서 쿠빌라이에 의해 관직에 올라 17년을 살았다. 이후 루스티켈로에게 동방에서 보고 들은 것을 필록(筆錄) 시켜 저 유명한 마르코 폴로의 여행기 '동방견문록'이 탄생하였다. 마르코 폴로의 동방 방문기는 윌리엄 루브룩보다 20년 후인 1274년이다. 루브룩은 카라코룸에서 대 칸을 만났고, 마르코 폴로는 쿠빌라이 의 여름 궁전이 있는 상도(上都:현 네이멍구자치구의 남부인 돌룬노르)에 도착하여 쿠빌라이를 알현하였다.

쿠빌라이의 총애를 받았던 마르코 폴로는 중국 각지를 여행하면서 풍습과 세태를 누구보다 정확하게 파악한 덕분에 동방견문록이 완성될 수 있었다. 마르코 폴로의 시기는 쿠빌라이가 원나라를 건국하고 몽골 초원이 아닌 중국에 거주할 당시인 만큼, 그들의 화려한 궁전은 확인할 수 있지만, 몽골 유목민들의 거주지인 게르에 관한 내용은 별로 많지 않다. 그러나 몽골인들의 전통인 매사냥을 즐긴 쿠빌라이 황제의 이야기에 게르의 사용이 언급되어 있다.

『3월이 되면 쿠빌라이는 엄청난 수의 큰매, 송골매, 독수리를 데리고 1만 명의 매잡이와 함께 바다가 펼쳐진 북동쪽으로 긴 여행을 떠나 강둑에서 사냥 한다. 매들은 100~200마리씩 여러 곳으로 흩어져 사냥하는데, 매들이 잡은 새들은 쿠빌라이에게 보내진다. 함께 간 매 조련사들도 2, 3명 단위로 호각과 두건을 가지고 널리 흩어진다. 그들은 서로 쉽게 매를 부르고 잡아두며, 필요하면 가까이 있는 매잡이가 와서 도와준다. 매들은 모두 쿠빌라이나 귀족들의 소유로, 주인과 조련사의 이름이 적힌 꼬리표를 달고 있다. 나는 매사냥에 필적할 만한 오락은 이 세상 어디에도 없으며, 그중 대 칸이 사냥할 때 일어나는 일들보다 더 드라마틱한 장면은 없다고 생각한다. 좁은 길이 나타나면 대 칸은 코끼리를 타는데, 가끔은 내부에 금으로 만든 천을 대고, 외부에 사자 털로 덮은 멋지게 조각된 가마에 타고서 네 마리 코끼리로 이동한다.[85] 코끼리 가마에 자신을 즐겁게 해줄 최고의 큰매 12마리와 가장 아끼는 관리 13명이 함께 탄다. 바깥의 마부들은 두루미를 비롯한 먹이가 될 만한 새들이 보이면 즉시 이를 대 칸에게 알린다. 그러면 가마의 장막이 올라가고 대 칸이 매를 날려 보낸다. 대 칸을 비롯하여 가마 안의 관리들은 모두 침상에 기대어 이 광경을 지켜보며 아주 즐거워한다.

여러 시간 동안 사냥을 즐기고 난 뒤, 쿠빌라이는 칵차 모둔(Caccia modun)이라는 곳으로 들어간다. 그곳은 그의 아들, 귀족, 황실 수비대, 매잡이 들이 머무는 큰 정자와 천막(게르)이 있는 곳이다. 1만 개가 넘는 그 천막들은 가히 장관을 연출한다. 쿠빌라이를 접견하는 황실의 천막은 장군과 군사를 비롯한 온갖 지

---

[85] 코끼리 네 마리위에 설치된 가마는 수레위에 싣고 다니던 첨척 게르(Tsomtsog Ger)였을 것으로 보여 진다.

위의 사람들 1만 명을 수용할 만큼 길고 넓다. 이것과 연결되어, 황제가 더욱 은밀하고 친밀한 회합을 가질 수 있는 널찍한 객실이 딸린 두 번째 천막이 있다. 이 천막 뒤에는 그가 잠을 자는 크고 멋진 방이 있다. 그 주변에는 다른 식솔들을 위한 천막들이 있으며, 이 모든 천막은 정교하게 지어졌다. 천막의 내부는 조각과 금박으로 장식되어 있고, 외부는 흰색, 검은색, 붉은색 줄무늬가 있는 사자 가죽으로 덮여 있는데, 어찌나 잘 꿰매었는지 절대 비바람이 들이치지 않는다. 천막의 안쪽은 검은담비와 흰 담비의 가죽을 댔는데, 검은담비는 모든 모피 중 가장 비싸며, 값은 품질에 따라 차이가 난다. 타타르인들은 검은담비의 털을 '모피의 여왕'이라 칭하며 귀하게 여긴다. 흰 담비는 '론데스(rondes)'라 불리며 크기가 '긴털족제비'만 하다. 천막의 밧줄은 모두 비단으로 되어 있다. 황실의 정자 옆에는 대 칸의 여인들의 화려한 천막이 자리 잡고 있다. 많은 큰매와 다른 새들, 짐승들의 막사도 가까이 있다.』[86]

마르코 폴로가 천막으로 기술한 게르는 황제의 위용을 나타낼 만큼 화려하고 크다. 초원에 거주하는 유목민들의 게르는 삶을 영위하기 위한 최선의 거주지였다면, 황제의 게르는 화려하고 엄청난 크기를 자랑한다. 황제와 귀족들의 여흥을 위한 임시 거주지로서의 화려한 게르였다. 그리고 황제를 따르는 비빈들과 자식들

---

86) 마르코 폴로의 동방견문록, 로빈 브라운 지음, 최소영 옮김, 이른아침, 일부 전재

과 그의 가족, 신하들까지 수많은 인원이 황제의 매사냥에 동원되어, 그 수가 1만 개가 넘는 게르 촌이 만들어졌음을 기술하고 있어 적어도 황제의 매사냥에 동원된 사람의 수는 수만 명이었다고 유추할 수 있어 당시의 황제의 절대 권력을 엿 볼 수 있게 한다.

 매사냥은 야생의 맹금류를 잡아 길들여서 하는 전통 사냥인데 취미로 하는 황제의 사냥과는 다르게 보통의 몽골초원 유목민들은 생존을 위한 수단으로 매사냥을 했다. 매사냥꾼은 자신이 기르는 매와 돈독한 유대감 및 정신적 교감을 형성하여야 하며, 매를 기르고 길들이고 다루고 날리기 위해 헌신적인 노력이 필요하다. 오늘날에는 취미활동의 하나로 전통이 이어지고 있으며, 2010년에 유네스코 문화재로 지정받았다.[87]

---

87) 몽골, 관광문화 콘텐츠와 세계문화유산, 인피니티 컨설팅, 이영섭, 전도근, 일부참조

07
황제의 도시(건축물) 카라코룸(Хархорум) - 만안궁(萬安宮)

　몽골 건축사에 큰 영향을 미친 황제의 도시 카라코룸은 몽골의 수도 울란바타르에서 서쪽으로 약 400km 떨어진 곳 오르콘 강 상류, 좌안에 있다. 터키어로 '검은 자갈밭'이란 뜻의 카라코룸은 고대 초원의 제국의 중심지라고 불리는데, 초기 몽골제국(1229~1259), 칭기스 칸의 셋째 아들인 우구데이 칸(태종: 太宗) 시기에 도읍으로 정해져서 궁전이 지어졌고, 칭기스 칸의 손자인 구육 칸(정종: 定宗), 뭉흐 칸(헌종: 憲宗) 시기까지 번영을 누린 수도였으며, 그 이전 칭기스 칸 시대에도 중요한 활동기지 역할을 하였다. 칭기스 칸은 1220년경에 이 지역에 머물렀으며 중국 원정을 위한 본거지로 삼아 몽골 제국의 시작을 열었다.[88]

---
88) 위키백과 참조

이곳을 도읍으로 정한 칭기스 칸은 정복한 국가들에서 많은 장인들을 이곳으로 데려왔다. 제국의 공공, 정치, 사회와 경제 부문의 점진적인 발전에 따라 상점가가 집중적으로 들어서 활기를 띠고 머나먼 변방들로부터 카라코룸으로 이어지는 마차도로가 건설되었다. 카라코룸이 명실상부한 도읍으로 성장한 것은 칭기스 칸 이후 오고타이 칸의 치세부터이다. 자료에 의하면 카라코룸은 4개의 대문을 가진 성벽으로 둘러싸여 있으며, 대문 사이의 거리는 약 5km로 대문의 주변에서는 여러 종류의 농축산물이 거래되었다고 한다.

카라코룸에는 12곳의 각종 종교사원이 있었는데 그중 1256년 뭉흐칸의 명으로 건축된 5층의 불교사원이 가장 뛰어난 건축물로 꼽힌다. 이 불교사원의 높이는 약 93m이며 폭은 22m이였고, 1층 벽감에는 여러 개의 신상이 모셔져 있었다. 이 모든 건축물은 칸의 궁전, 군사 및 야금 기지, 군 주둔지, 농업지역과 고용인들의 거주지와 공장, 부크하르와 중국 물품 교역 시장 등과 어우러져 몽골제국의 행정수도로서 하나의 거대한 도시를 이루었다.

카라코룸은 도시로서 존재했던 148년 중 약 40년간은 몽골제국의 도읍지였지만, 뭉흐 칸이 사망한 후 몽골 제국의 대칸 위의 승계문제를 둘러싼 문제와 이후 명나라의 공격과 몽골의 봉건영주들 간의 내분 등으로 여러 차례의 약탈과 방화를 겪으면서 쇠락해져 약 200년 후에는 아무것도 없는 폐허로 변해버렸다.

1948~1949년 발굴조사로 고대 여행가들의 카라코룸에 대한 기록을 대체로 확인할 수 있었고, 5m 깊이의 문화층에서 출토된

유물들로 카라코룸이 두 차례의 화재를 겪었음을 알 수 있었다.

카라코룸이 번성할 당시 오고타이 칸은 '투멘-바야스칼란(Түмэн-Баясгалан: 만안궁)' 궁을 세우라는 명을 내렸다. 몽골건축의 원형으로 역사적 의미가 큰 이 궁전은 카라코룸의 서남부 강기슭에 화살촉이 날아가는 거리만큼의 깊이와 1.5m 높이의 규모로 세워졌다. 궁전은 가로 8개, 세로 8개 도합 64개의 기둥이 떠받치는 사각의 2층 건물로 계획되었다. 궁전의 문은 동향으로 완만한 경사의 2단으로 된 천막 지붕에는 중앙의 축에서 드리워진 녹색과 적색 기와가 덮여 있고 조각과 인물상이 장식되어 있었다. 벽과 창은 대형 홀에 채광과 환기가 잘 이루어질 수 있도록 배치되었다. 궁전의 공간 구성은 유목 게르 구조와 거란족 건축계획의 전통을 따름으로써 대초원의 중심적 개념이 그대로 드러나 있다. 마르코 폴로는 원형의 바퀴를 뜻하는 '만다라' 원칙에 입각한 궁전의 입체적 공간적 구조, 남북의 축과 양측에서 돌아내려 오는 계단 등의 중심 개념을 묘사하고 있다. 만안궁에 관한 기록에 의하면 프랑스인(노르만) 기술자 윌리엄이 만들고 당대의 예술과 기술의 경이적인 결합으로 일컬어지는 은 나무 분수가 이목을 끌었다고 전하고 있다.

프랑스 왕 루이 9세의 후원으로 동방을 방문한 윌리엄 루브룩은 카라코룸에 있는 뭉흐 칸의 궁전에 있는 은 나무 분수에 대해 상세하게 기록하고 있다.

『그가 귀환할 때 화려한 모임이 벌어지는데, 그가 음료의 연회를 여는 커다란 궁전이 있다. 모든 귀족이 모이면 옷과 선물을 하사하고 자신의 위대한 권세를 뽐낸다. 그곳에는 길이가 창고 정도인 건물들이 수도 없이 많으며 그곳에는 물자와 보화들이 쌓여 있다.

이 거대한 궁전의 입구에는 파리 출신 장인 윌리엄이 그를 위해서 은으로 만든 커다란 나무가 세워져 있다, 왜냐하면 젖이나 다른 음료수를 담은 포대를 그곳의 입구를 통해서 들여와서는 안 되기 때문이다.

은 나무 아래에는 각각 안에 파이프가 내장된 네 마리의 은 사자가 붙어 있는데, 그것들 안에는 각각 네 개의 관이 하나씩 들어 있고 거기서 암말의 젖이 분출된다. 나무 안에는 네 개의 관이 들어 있는데 그것은 꼭대기까지 곧바로 뻗어 있고 그 끝은 아래로 향하여 휘어 있으며, 그 위에는 각각 도금을 한 뱀이 나무의 몸통을 꼬리로 휘감은 채 똬리를 틀고 앉아 있도록 했다. 그 하나의 관에서는 포도주가 흘러나오고, 두 번째 관에서는 '카라쿠미즈'[89] 정제된 말 젖이, 세 번째에서는 '보알', 즉 꿀로 빚은 음료수가, 네 번째에서는 '테라키나'라는 이름으로 알려진 쌀로 빚은 술이 나온다. 이들 각각의 음료수는 나무 발치에 놓여 술을 받을 준비가 되어 있는 은제 항아리에 담긴다. 또 나무 꼭대기에 있는 네 개의 관들 중앙에는 나팔을 들고 있는 천사가 하나 있고, 나무 밑에는 사람 하나를 숨길 수 있을 정도의 구멍을 파놓았다. 나무의 몸통

---

89) 암말의 젖으로 만든 음료

안에는 관이 하나 만들어져 밑에서부터 꼭대기에 있는 천사에게로 연결되어 있다. 궁전의 바깥에는 음료수가 저장되어 있는 방이 하나 있고, 그곳에는 천사가 부는 나팔 소리를 들으면 빈 항아리에 음료수를 붓기 위해서 집사들이 대기하고 있다. 음료수가 필요해지면 집사장은 천사에게 나팔을 불라고 소리치고, 구멍 안에 숨어 있던 사람이 이 소리를 듣고, 천사와 연결되어 있는 관을 힘차게 분다. 이 때 방 안에 대기하던 집사들이 이 소리를 듣고 자기가 담당하는 관에 음료수를 붓는다. 그러면 그 관들에서는 음료수가 흘러나와 미리 준비된 항아리 안에 담기게 된다. 그때 집사들이 그것을 떠서 궁전으로 가져와 남자와 여자들에게 배달한다.』[90]

    이처럼 아름다운 은 나무 분수를 만들었던 장인 윌리엄은 뭉흐 칸의 어머니 소르칵타니 베키(Сорхагтани Бэхи хатан)의 노예였다. 뭉흐 칸의 배다른 형제 한 사람이 헝가리의 베오그라드에서 포로로 잡은 노르만인 주교 한 사람과 그의 조카 윌리엄이 카라코룸까지 끌려왔는데, 장인 윌리엄을 뭉흐의 어머니에게 주었는데, 그것은 그녀가 그를 가지겠다고 강하게 요구했기 때문이었다, 그녀가 죽은 후 장인 윌리엄뿐 아니라 그녀에게 속한 모든 것이 뭉흐 칸의 막냇 동생인 아릭 부흐(Ариг Бөх)에게 상속되었다. 그리고 그를 통해서 뭉흐 칸의 눈에 띄게 되었고, 그의 재능으로 화려하고 아름다운 은 나무 분수를 만들게 되었다. 그 작업을 완

---

90) 몽골제국기행 마르코 폴로의 선구자들, 플라노 카르피니, 윌리엄 루브룩, 김호동 역주, 까치, 일부전재

수한 후 뭉흐 칸은 윌리엄은 100야스코트, 즉 1,000마르크를 하사했다.

페르시아의 역사가 라시드 앗 딘(라쉬드 알 딘-Rashid al-Din)에 따르면 오고타이 칸의 아들들과 형제들에게 아름다운 궁전을 지으라는 명령이 내려졌다고 한다. 이에 따라 건설된 궁전들은 모두 카라코룸에 있는 궁전을 본떠 지어졌음이 분명하다.[91]

이처럼 화려함의 극치를 달리던 카라코룸 황제의 궁은 불과 200여 년 만에 폐허로 변했다.

카라코룸의 멸망에는 몽골제국의 권력투쟁에서 비롯되었다. 뭉흐 칸의 사망 이후 쿠빌라이는 자신이 선대 칸의 유언으로 제위를 계승했음을 선포했고, 자신이 적법한 계승자임을 발표했다. 그러나 역시 같은 칭기스 칸의 손자인 보르지긴 아릭부흐가 역시 카라코룸에서 호랄타이(Хуралдай)[92]를 열어 자신을 칸으로 선출하고, 쿠빌라이를 찬탈자라 공격하였다.

1260년 7월 쿠빌라이는 군사를 이끌고 수도 카라코룸을 공격, 내전이 발생했고, 1260년부터 1264년까지 여러 차례 전쟁의 영향으로 카라코룸은 황폐해졌다. 쿠빌라이는 이전과 같이 제국의 수도를 카라코룸으로 할 필요가 없다고 보고 1267년 2월 25일 금나라의 중도(中都, 현 베이징 시)를 수도를 정했다.

몽골제국의 수도로 화려함과 명성을 떨쳤던 카라코룸은 사라졌

---

91) 해외건축. 몽골건축. 몽골건축사협회 부회장. BATRAYAR. Ts. 일부 전재
92) 중세에서 근세까지 개최되었던 몽골의 정책결정 최고기관이다.

지만, 그곳을 터전으로 살아가던 유목민들의 삶은 여전했을 것이다. 카라코룸이 몽골제국의 수도가 되기 이전 8세기부터 이곳에 유목민들이 살았었던 것으로 밝혀졌다. 그들은 황제의 화려하고 아름다운 궁이 아니라 초원에서 자신들만의 삶을 위한 게르에서 생활하고 목축하며 여전히 유목민의 삶을 살았을 것이다.

08
최후의 유목민 차탄(Цаатан)족의 주거지 오르츠(Урц)

　초원에 사는 대부분의 몽골 유목민들의 주거지가 게르라면, '몽골의 바다'라 불리는 홉스골의 원시 자연과 살아가는 차탄족들은 아메리카 인디언의 티피(Tee Pee)와 흡사한 오르츠에 거주하고 있다.

　울란바타르에서 홉스골의 관문인 무룽까지는 무려 692㎞. 비행기를 타면 2시간 정도가 걸리지만, 차를 타면 며칠이 걸리는 곳이 홉스골이다. 몽골인들은 몽골에서 가장 신성한 곳은 홉스골이라고 말한다. 홉스골은 '몽골의 푸른 보석' 혹은 '몽골의 알프스'라고도 불리고 있으며, 중앙아시아의 호수 가운데 가장 깊고, 세계에서 14번째로 크며, 세계 담수량의 2%를 차지하는 곳으로 무려 96개의 강이 이곳으로 흘러들어 단 한 개의 강(에진 강)만이 러시아의 바이칼로 흘러간다. 면적은 2,760㎢, 둘레는 380㎞이다. 수

심은 최고 262m로 호수 전체 면적의 70%가 100m를 넘는다. 그러나 호수 둔치 쪽에서는 바닥이 훤히 들여다보일 정도로 수심이 얕다. 동서 길이는 36.5㎞, 남북 길이는 136㎞이며, 전체적으로 육면체 모양을 하고 있다. 1월 평균 기온은 −22.6℃, 7월 평균 기온은 16.2℃이며, 1~4월에는 얼음으로 덮여 있다. 깨끗한 자연환경으로 인해 주변 지역과 함께 1992년 몽골의 국립공원으로 지정되었다. 호수에는 민물 연어(타이멘)를 비롯한 각종 어류가 서식하고, 주변의 삼림에는 큰뿔양·아이벡스 염소(야생 염소)와 피티사슴·순록·사향노루·큰곰(갈색곰)·스라소니·비버·늑대·말코손바닥사슴 등 68종의 포유류와 244종의 조류, 60여 종의 약용식물을 포함한 750여 종의 식물이 서식하고 있다.

　러시아와 국경 지역인 홉스골에 사는 차탄족은 불가사의한 종족으로 손꼽히고 있으며, 2020년 기준 208명이 살고 있는 소수민족이다. 그들의 주거지인 오르츠의 구조는 나무들로 원추형의 기둥을 세우고 바깥쪽은 두꺼운 천으로 덮는다. 큰 오르츠는 32그루의 나무에서 자작나무 껍질을 채취하여 만들 수 있고, 중간 크기의 오르츠는 23~25그루의 나무껍질로 만들 수 있다. 입구에는 드나들 수 있는 문이 있으며, 오르츠 안은 가운데 화목난로가 설치되어 있고 연통은 오르츠 중심부의 하늘을 향해 서 있으며 그 주위로 두 개의 자작나무로 만든 침상이 벽 쪽으로 놓여있는 것이 시설의 전부다. 게르와는 달리 공간이 비좁은 오르츠지만 게르처럼 그 공간 안에서 모든 것이 가능하다.

　차탄족들은, 몽골 초원의 유목민들과는 다르게 순록을 가축으로 길들여 그것을 말처럼 타고 다닐 뿐만 아니라 순록의 젖을 짜 먹고, 고기도 먹고, 사냥도 한다. 이들은 순전히 순록의 젖으로 모든 유제품을 만들어낸다. 순록의 가죽으로는 옷과 천막을 만들고, 밧줄도 꼰다. 이들의 생활은 순록과 떨어져서는 생각할 수가 없다. 그러므로 차탄족의 천막 주위에는 언제나 순록이 있다. 차탄족끼리는 얼마나 많은 순록을 가졌느냐가 부의 척도가 된다. '차탄'이란 말도 몽골어로 '순록 유목민'이란 뜻이다. −40℃의 날씨에도 순록의 등에서 잠을 자며, 순록이 더 이상 가지 않는 곳까지 순록을 타고 이동해서는 순록이 머물 때까지 그곳에 머문다. 그러다 다시 순록이 이동하는 시기가 되면, 순록이 가는 곳으로 길을 떠난다. 애당초 그들에게는 '고향'이나 '정착'이라는 말이 없으며, 지금도 몽골과 러시아의 국경을 오가며 유목민의 삶을 살고 있다.[93]

 차탄족은 순록들의 먹이인, 한랭성 '순록이끼(Reindeer Moss)'인 슐란(шулан)이 있는 곳을 따라 계속 이동한다. 순록은 하루에 약 3kg 정도의 슐란을 먹는데, 한 곳에서 슐란이 떨어지면 다시 슐란이 있는 장소로 이동하는 일을 되풀이하는데, 차탄족들은 이 때문에 이동식 주거시설인 오르츠에서 생활하고 있다. 몽골초원의 유목민들이 목축을 위해 풀이 있는 초원을 유랑하며 게르에 머무르는 것과 비슷하다. 항상 일정하지는 않지만, 한 곳에서 평균 20일 정도 생활하므로, 일 년에 17~18번은 옮겨 다녀야만 하

---

[93] 이용한의 느린 방랑. 최후의유목민 차탄족의 고향. 홉스골. 23. 12. 29. 세계일보. 일부 전재

는 유랑생활을 하고 있다.[94] 몽골 초원의 유목민이 4번에서 많아야 7번 정도의 이동을 하는데 비해 차탄족은 보다 더 많은 이동을 하는 셈이다.

  몽골 정부에서는 1960년대 소수민족 보호를 위해 차탄족을 위한 집을 지어주고 땅도 주겠다고 제안했지만, 그들은 그 제안을 받아들이지 않았다. 순록과 천막 하나만 있으면 어디든 갈 수가 있는데, 답답하게 한곳에 머물러 산다는 게 이해가 되지 않았던

---

94) 완도신문, 문명의 손길이 닿지 않는 타이가 숲을 가다, 이승창, 2023. 2.17. 일부전재

아시아의 알프스라 불리는 훕스골의 만년설을 이고 있는 산을 병풍처럼 뒤로 두고 초원의 게르가 자리를 잡고 있다. 이곳의 산들은 6천 미터가 넘지 않으면 대부분 이름이 없다고 한다.

것이다. 차탄족이 말을 듣지 않자, 몽골 정부에서는 차탄족에게 모든 사냥을 전면 금지했다. 평생을 유목과 사냥으로 살아온 그들은 이해할 수 없었지만, 점차 믿을 수 없는 그 현실을 받아들이는 중이다.

차탄족은 현재 몽골 최북단 훕스골 인근에 살고 있다. 훕스골 인근의 차탄족은 호수 주변의 타이가 숲이 삶의 근거지인데, 여름이면 관광객을 상대로 호숫가까지 내려와 차탄족의 전통 천막인 오르츠를 세워놓고 장사를 하는 사람들도 있다. 차탄족의 전통 장

홉스골의 풍경

신구와 생활용품을 팔기도 하고, 사진을 찍는 대가로 돈을 받아 생활한다. 하지만 아직도 상당수의 차탄족들은 자신들이 이렇게 전시용 박물관 대접을 받는 것에 대해 아주 못마땅하게 생각하며 그들의 전통인 유목생활을 하는 사람들도 있다.

순록과 함께 살아가는 최후의 유목민 차탄족을 인류학자들은 전 세계에서 가장 경이로운 부족이자 믿을 수 없는 부족이며, 원시적인 인류의 원형을 간직한 부족이라고 말한다. 그들은 몽골계 인종 가운데서도 가장 희박하고, 가장 알 수 없는 소수 민족임이 분명하다.[95]

---

95) 이용한의 느린 방랑, 최후의유목민 차탄족의 고향, 홉스골. 23. 12. 29, 세계일보, 일부 전재

09
현대인의 게르 공간특성, 사용행태

　광활하고 드넓은 몽골초원의 게르에도 현대문명은 스며들고 있다. 전통 게르에서 제단(祭壇)이 놓였던 위치에 TV나 오디오로 대체되는 경우가 많아지고 있으며, 제단은 TV 또는 수납장으로 이동되고 있다. 이는 광활한 초원에서 천지(天地)와 자연을 절대 신앙으로 삶을 이어가던 유목민에게, 현대문명과 문명의 이기가 스며들면서 자연스럽게 절대 신앙에 대한 경외가 약해지면서 나타나는 현상이라고 볼 수 있다. 기존 제단이 있던 공간은 현대에 들어 거실 공간으로 사용하게 되면서 텔레비전을 시청하거나 가족 식사를 하거나 자녀들의 학습과 놀이공간으로 사용된다. 숙소 및 체험 용도로 건축된 게르나 무종교인 거주자가 거주하는 현대 게르에 기존 제단공간을 자녀의 취침 공간으로 대체하는 때도 나타나고 있으나 대부분의 현대 게르의 경우 제단 공간이나 텔레비전, 오디오를 위한 공간으로 사용하는 경우가 많다. 일반적으로 전통 게르의 경우, 출입구 우측은 여성 공간으로 요리 등 가사노동의 영역으로 주로 여성이 이용했으나, 현대에 들어 부부 취침 공간으로 변했으며, 남성 공간은 자녀들 취침 공간으로 사용되는 경우가 많다. 그러나 여전히 여성 공간에는 화장품이나 냉장고 등 부엌 수납으로 공간이 이어지는 등 여성 공간으로써의 성격이 남아있다. 출입구에 인접하여 세탁기, 세면 공간, 주방영역, 게르 중심부에 있는 난로 공간은 전통 게르와 동일하게 사용되고 있다. 대부분의 현대 게르에는 이와 같은 형태를 가지고 있으며, 거실 텔레비전 앞에 테이블을 놓고, 아이들 학업, 여가 및 휴식, 식사, 접객 등의 복합적 생활을 거실에서 해결하며 대부분 시간을 보내는 공간으로 이용되고 있다.[96]

몽골은 예로부터 목축으로 삶을 영위해 왔다. 목축을 위해 1년에 몇 차례씩 이동하면서 유목 생활을 이어왔는데, 이때 이들의 운송수단이 대부분 말이었다. 그러나 현대에 들어오면서 현대문명과 공존하면서 게르 옆에 오토바이도 있고, 트럭 등, 자동차도 있다. 도시와 멀리 떨어진 시골 지역에 사는 사람들은 말과 트럭을 교통수단으로 이용한다. 이곳 아이들은 5세 이전에 말을 타는 법을 배운다. 라디오로 날씨 예보나 태풍경보 등을 듣기도 하고, 또 풍력발전기나 석유 발전기, 혹은 태양광 발전과 배터리를 갖추어 놓고 비록 한 두 시간이지만 전기로 전등을 밝히고 TV를 시청하기도 한다.[97]

---

96) 몽골 주거 유형별 공간특성과 사용행태, 한국주거학회 논문집, 알탕호약 오강치멕, 손동화, 변나향 일부 전재
97) 몽골의 주거환경, 수나와 타미르 이야기, 2011.5.4. 일부참조

게르안에서 설 명절을 즐기는 유목민, 뒤로 컴퓨터의 모니터가 보인다

트럭으로 이사를 가는 홉스골아이막의 현대 유목민

1) 몽골초원의 유목민의 게르 짓는 법

13세기 이후의 몽골초원의 게르는 지금과 같은 현재형이라고 볼 수 있으나 변화하는 문명과 문명의 이기가 게르 안에도 서서히 스며들고 있다. 그렇다고 커다란 변화가 있는 것은 아니다. 구조적으로 예전의 모습을 그대로 간직하고 있으며, 내부에서 사용하는 기구들의 편리함이 조금 달라졌다고 보는 편이 정확하다. 21세기 초원의 유목민들이 짓는 게르에도 여전히 기본적인 골격과 구조는 변하지 않고 있다. 앞서 기술한 게르의 구조에도 설명되어 있지만 게르를 짓는 직접적인 방법에 대해 살펴보고자 한다.

- 게르를 설치하기 위한 착지를 살펴본 후 장소를 표시하고 돌이나 똥으로 기초를 놓는다. 점토를 놓는 것을 '숫자 적기'하고 하는데, 숫자는 집뿐 아니라 가족을 상징하기 때문에 '집과 연결된 숫자'라고 한다.
- 집의 바닥은 대개 나무로 만들어지며, 바닥의 크기는 집의 측면보다 20~30cm 더 높다. 따듯한 날씨에는 나무 위에 바닥을 얹어 바람이 잘 통하도록 하고, 추운 계절에는 땅속에 매립해 시원함을 유지한다.[98]
- 나무를 가위처럼 이어 만든 벽(한)을 둥글게 세우는 일이다. 이것은 게르 전체의 뼈대를 세우는 것이기 때문에 무겁기도 하고 부피도 크다. 따라서 혼자 할 수 없고 여럿이 합동을

---

[98] Machine Translated by Google. : H. Batsaikhan /BMYUZ 이사/ R. Undrahbayar /몽골 열망 학교 교육 관리자, 게르, 일부참조

해야 한다. 주재료는 주로 버드나무가 이용되며, 여름에는 높게 설치하고, 겨울에는 낮게 설치한다.

- 벽은 가옥의 몸체를 형성하고 하중을 지면에 균일하게 전달하는 역할을 한다. 재료는 버드나무, 흑단, 소나무로 만들어지며 나무 32그루, 가지 144개, 수명 3~4년 정도이다. 벽은 팽창하고 수축하는데, 벽 높이의 증가, 또는 감소는 벽 헤드 수와 관련이 있다. 벽의 각 머리 부분은 머리부터 벽까지 위에서 발생하는 압력을 견딜 수 있다. 벽을 둥글게 세우고 나면 벽끼리 이어지는 부분을 잘 조립해 끈으로 묶는다. 벽끼리 다 엮고 나면 전체적으로 조절을 또 한다. 벽이 타원을 이루게 되면 천장을 올릴 수가 있다.
- 벽이 완성되면 문(할르끄)을 설치한다. 문은 나무틀과 판자로 이루어져 있다. 문은 4개의 뼈와 6개의 뼈로 분류되는데 재료는 삼나무로 삼나무는 물속에서도 팽창하지 않는 단단한 목재로 잘 알려져 있다. 벽과 문은 문에 난 구멍을 통해 소가죽 끈으로 벽을 고정한다. 문이 설치되면 공정의 절반은 이루어진 셈이다.
- 게르의 가운데 위치할 천창을 만드는데, 천창(토오노)의 양쪽에 기둥(바가나)을 세우고 끈으로 단단히 묶는다. 천창은 아무리 추운 겨울에도 양털(펠트) 덮지 않기 때문에 맑은 날엔 햇살이 게르 안으로 들어온다. 태양의 위치에 따라 게르 안에서 보는 별의 움직임을 볼 수 있기 때문에 이것으로 시간을 짐작한다. 토오노는 단단한 느릅나무, 자작나무, 삼나

무, 버드나무, 마호가니 같은 재료로 만들다. 방법은 선별한 나무의 코르크를 물에 담가서 즙을 짜낸 후 가운데를 잘라 톱질한 후 불에 데운다. 나무의 양쪽 끝이 교차되어 있다. 다음 땅에 특별히 준비된 원형 말뚝에 삽입하여 원이 점차 줄어들고 적절한 크기에 도달할 때까지 말뚝이 안쪽으로 줄어든다.

- 천창과 기둥을 조립하고 바로 세워 끈을 당긴다. 천창과 문에 연결하는 오니를 조립하고 끈을 당겨 빠지지 않게 한다. 문 위쪽에 오니를 받치는 홈이 나 있는데, 이것이 헐렁하면 오니가 빠지므로 지붕이 무너질 수도 있기에 끈을 단단히 당겨 고정하는 것이 중요하다. 단단히 고정하며 주위를 빙 둘러 가며 오니를 설치한다. 오니의 한쪽 끝은 뾰족하게 해서 천창에 끼우고 반대쪽은 구멍을 내어 끈으로 벽에 고정한다. 벽이 밀리게 되면 천창에 끼운 오니가 빠지므로 벽은 완전한 원형을 유지해야 한다. 이때 중간에 있는 사람이 천창이 움직이지 않게 기둥을 잘 받치고 있는 것이 중요하다. 그리고 오니가 빠지지 않도록 벽 둘레를 끈으로 묶어 고정한다. 오니는 주로 버드나무로 만들고 보통 게르 하나에 72개의 오니가 사용된다. 이는 몽골의 72절기에서 나온 것이라 한다.

- 그리고 뼈대를 둘러쌀 천을 지붕에 덮는다. 이 천을 먼저 설치하지 않으면 천창에 설치된 양털로 된 펠트에서 털이나 먼지가 떨어지므로 이를 막고자 함이다. 그리고 벽체를 둘러싼다. 양털로 된 펠트는 겨울의 추위를 막아주는 핵심이

다. 안쪽에서 난로(골롬타)를 켜 놓으면 아무리 추운 겨울이라도 따듯하게 생활할 수 있기 때문이다. 펠트를 덮고 끈을 빙 둘러서 묶는다.
- 펠트 위에 또 천으로 둘러싸고 천이 날리지 않도록 다시 한 번 끈으로 묶는다. 이 끈은 말갈기의 꼬리털로 만들어졌는데, 압축 및 굽힘, 팽창 및 신축 등의 모든 힘은 주로 내부 끈에 의해 조정된다. 이로써 게르 외부 설치가 완성된다.
- 게르의 내부를 위해 가구를 옮기는데, 침대와 옷장, 서랍, 식기 선반, 난로와 탁자 등 생활에 필요한 여러 가지 기구들이다. 가구들은 그들이 정한 규정에 의해 놓여 질 장소가 있어 그대로 설치된다.[99]

2) 관광객을 위한 현대인의 게르

유목을 위해 이동하는 초원의 전통 게르와는 달리 한 곳에 정착되어 있는 현대식 게르는 쓰임도 다르지만, 내부 공간도 많은 변화가 생겨나고 있다. 몽골의 수도인 울란바타르 변두리 지역의 게르촌에서도 정주형 주택으로서의 기능을 만들어가고 있으며, 관광객을 상대로 체험을 위한 숙박업소로 이용되는 게르도 마찬가지다. 수많은 관광객들이 게르에서의 하룻밤을 원하면서도 정작 전통 게르가 지닌 현대문명과 다른 시설에 불편함을 느끼기 때

---

99) 미디어 웜홀, 몽골집 게르는 어떻게 지을까, 일부 전재

게르를 설치하기 전 자리를 잡고 있는 모습

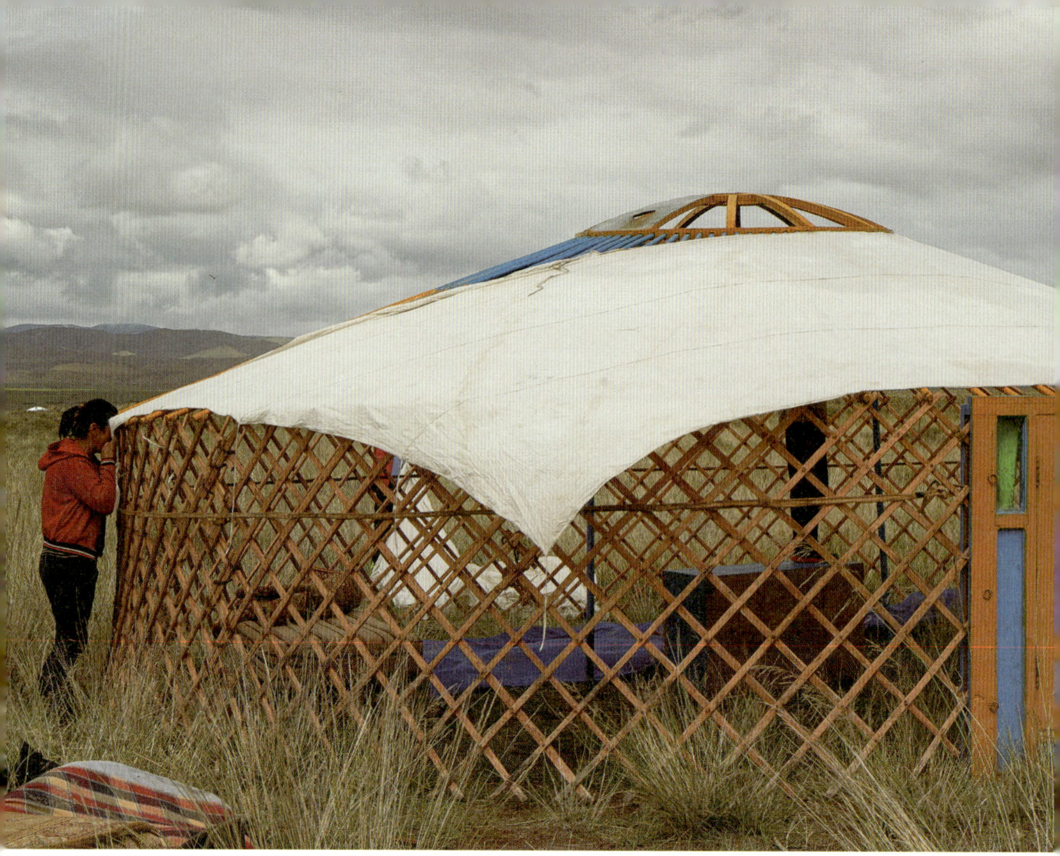

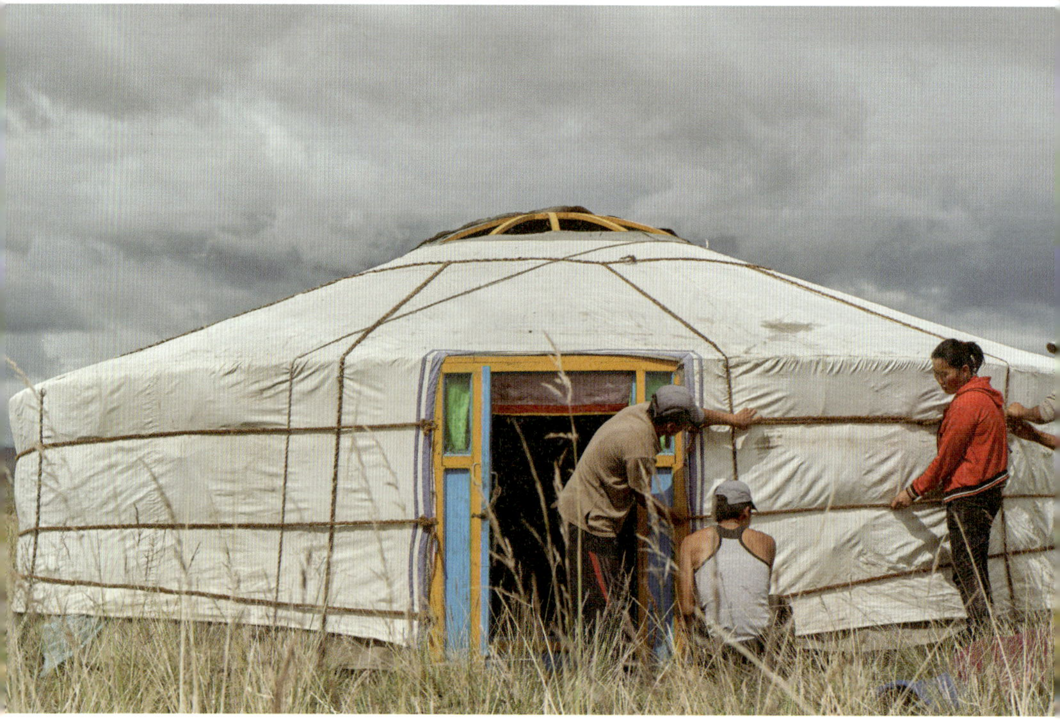

| 01~03 게르 짓는 과정

게르의 문

문이다.

관광객을 대상으로 한 전통 게르가 그들의 불편함을 최대한 해소하고 더 많은 관광객을 유치하기 위해 전통 게르의 단점을 보완, 이동식에는 없는 화장실과 세면대가 설치되어 있으며, 때로는 샤워시설까지 설치되어 있다.

물론 관광객을 위한 모든 게르가 그런 시설을 갖추고 있지는 않다. 한 겨울의 시린 밤하늘을 보며 게르 한 가운데 있는 난로의 온기로 난방이 된 전통 게르에서 머무는 사람들도 있다. 전통 게르 방식에는 화장실도 따로 있고 샤워는 꿈도 꾸지 못하는 시설이다. 그러나 점점 현대문명에 길든 현대인의 편의시설이 모두 갖추어진 고급 숙소가 늘어나면서 모든 편의시설이 갖추어진 게르가 늘어나고 있다. 거기에 더해 게르의 정신이라고 했던 골롬타가 사라지고, 난방을 위한 시설로 바닥에 나무를 깔고 온돌을 사용해 난방을 한다. 따라서 기존의 게르에서 느끼는 불편함이 거의 없다고 볼 수 있다. 여름 성수기에는 예약이 무척 어려울 정도로 사용자가 많다고 한다. 편안하고 안락한 게르 숙박이 이국의 새로운 체험으로 소문이 나기 시작해 사용자가 늘어나면서 나타난 현상이라고 할 수 있다.

생존을 위해 한 겨울의 한파와 추위와 싸우고, 한여름의 더위와 싸우고, 기르는 가축과 사랑하는 가족을 위해 설치했던 유목민의 게르의 모습이 아니라, 7세기 당나라의 귀족들이 한 겨울 정원에 게르를 설치하고 유유자적 했던 모습이 그려지기도 한다.

10
유목문화 속의 유목민의 경제

　몽골 유목민들의 경제는 유목 생활에 근거한 생업 활동에서 비롯된다. 게르를 중심으로 함께 공동의 생업 활동과 거주하는 자녀와 사회화, 가족의 의식(儀式)과 관례, 축제, 오락 등에 참여하는 가족, 친족 혹은 친족과 같이 잘 아는 사람들로 구성된 하나의 작은 집단인 hot ails(작은 단위의 거주)를 구성하게 된다. 이러한 소규모 집단이 독립적으로 유목 생활을 성공적으로 지속하기 위해서는 가족과 친족 사이의 결속이 무엇보다도 중요하다.

　사회주의 체제가 유목경제에 영향을 미쳤던, 1950년 이전의 몽골 유목민의 전통적인 유목경제 중에서, 재산상속과 친족관계에 대해서만 대략 살펴보면, 유목경제에 바탕을 둔 전통적인 유목민 사회에서 재산상속은 결혼과 동시에 이루어지는 경우가 많다. 결혼하게 되어서 새로운 가정을 꾸리게 되면 자연적으로 식구가 늘어나기 마련이다. 인구가 증가하면 정 비례적으로 방목하는 가축의 수도 늘어나야 한다. 그러나 자연의 본래 상태를 유지하면서 방목할 수 있는 가축의 수는 정해져 있다. 이러한 문제를 해결하기 위하여 몽골 유목민들은, 자식들이 결혼하는 동시에 부모로부터 분가를 시킨다. 분가한 자식들은 그들 나름의 유목 활동을 독립적으로 수행하게 된다. 보통 아들이 결혼하여 분가하게 되면 부모의 게르에서 말을 타고 2~3시간 걸리는 거리 내에서 독립적으로 가축을 방목하면서 어려운 일에는 서로 협조하면서 생활한다.

유목민의 특성상 부모가 결혼하는 자녀들에게 재산상속으로 분배하는 것은 가축과 같은 동산(動産)이다. 전통적으로 몽골의 유목민에게 대지는 소유할 수 있는 대상이 아니라 단지 생존을 위하여 일시적으로 이용하는 것인데, 과용은 절대적으로 금기시하는 생활 관념을 가지고 있다. 이렇게 가축과 같은 동산(動産)을 분배하는 방식으로 순서대로 자녀들이 결혼과 동시에 재산상속을 받게 된다.

몽골 유목민들은 가장 마지막 자녀를 가장 귀하게 여기는데, 여기에는 막내(отгон)에 이르게 되면 더 이상 분배할 재산이 남아있지 않는 경우가 많으며, 부모는 이미 나이가 들어서 혼자서는 생활할 수 없게 되는 경우가 많으므로. 마지막 자녀가 부모의 남은 재산과 게르, 가보(家寶), 가신(家神)을 모시는 도구 등을 계승하게 된다. 막내에 대한 전통은 오래전부터 이어져 내려오는 전통인데, 그들이 가장 소중하게 여기는 화로(골롬타)를 막내에게 상속하는 관습과도 이어진다. 이러한 이유로 유목 생활을 하는 몽골인들은 막내에 대한 애정이 각별하며, 나이가 들게 되면 막내와 함께 여생을 보내는 경우가 대부분이다.

 몽골의 유목경제에서 기본이 되는 가축은 흔히 몽골의 대표적인 다섯 종류의 가축이라고 불리는 말, 소, 낙타, 양, 염소 등이다. 지역에 따라서 방목하는 가축의 종류가 다양하고, 기후나 자연조건에 따라서 잘 적응하는 가축이 별도로 존재하기 마련이다. 그러나 일반적으로 몽골의 유목민들이 가장 선호하는 가축은 양이다. 몽골의 다섯 가지 대표적인 가축 중에서 양이 유목민들에게 우선적으로 선호의 대상이 되는 것은 유목경제와 밀접한 관계가 있기 때문이다. 다른 가축과는 달리 양은 머리에서부터 발끝까지 하나도 버릴 곳이 없을 만큼 몽골 유목민에게 소중한 가축이다. 양은 살아서는 양의 젖과 양모를 제공해 주기 때문에 유목민들에게 필요한 유제품과 양탄자와 텐트의 재료인 펠트를 마련해 주고, 죽어서는 고기, 오츠(yyц: 몽골 기술로 만든 양고기 요리), 내장과 피로 만든 순대, 양가죽 등을 제공해 준다. 더욱이 양의 복사뼈는 몽골 유목민들의 전통 놀이인 샤가(шагай)로 재활용되기 때문에 인기가 높은 편이다. 또한 전통적인 유목문화에서 양은 일상적인 생활 의식에서도 몽골 유목민에게 없어서는 안 되는 필수적인 가축이다. 예를 들어서 아기가 태어나면 해산한 산부나 아이에게 양고기와 뼈를 넣어서 끓인 국을 먹이거나, 그 물로 목욕을 시키는 민속은 대표적인 몽골의 유목문화이다.

 몽골을 비롯하여 유라시아 지역의 유목경제에서는 양과 말이 주도적인 역할을 하는 편이다. 말이 운송용으로 뿐만 아니라 마유주(馬乳酒)와 같은 유목 생활에서 필수적인 술을 제공해 주는 데

반하여, 양이 가지는 가치는 좀 색다르다. 즉 양은 다른 가축에 비하여 먹는 식물의 종류가 다양하여 말이나 다른 가축이 먹지 않는 풀도 잘 먹는 편이라서 방목하는 데 큰 어려움이 없다. 더욱이 혹한 추위와 눈으로 덮인 초원에서도 눈을 헤치고 풀을 먹는 강인함 때문에 유목경제에서 가장 중요한 가축으로 여겨지고 있다.[100]

돈드고비 아이막 유목민이 마유주를 만들고 있다

아르항가이 아이막 여인이 치즈를 만드는 모습

---

100) 21세기 몽골의 유목문화, 박환영, 중앙대, 일부 전재

11
게르-유목민의 미래

21세기의 몽골의 초원은 우리가 생각하는 것처럼 푸른 하늘, 쏟아지는 별과 추위를 막아주는 든든한 게르와 같은 낭만과 아름다움만이 있는 것은 아니다. 변화하는 사회, 문화, 문명 그리

나무가 거의 없어 사막화되어가는 우브르항가이 아이막

고 지구촌의 가장 큰 명제로 자리 잡은 기후변화와 초원의 사막화 현상, 수많은 난제가 초원의 유목민들에게 위협으로 다가오고 있다. 특히 겨울의 혹한과 겨울 가뭄 등은 가축과 사람 모두에게 가혹한 현실로 다가오고 있다.

'조드(зуд)로 키우던 가축 200마리가 다 죽었습니다.'

한 유목민의 말이다. 몽골에선 -40℃가 넘는 혹한이 계속되고, 풀이 자라나지 않는 재해 현상을 몽골어로 '재앙'이라는 뜻의 '조드'라고 부른다. 보통 조드는 8, 9년에 한 번씩 발생했지만, 2015~2016년과 2016~2017년에는 2년 연속 발생하는 등, 발생 기간이 짧아지며 몽골 유목민들의 생존을 위협하고 있다. 이는 기후변화가 심화되며 발생 회수가 증가하고 있다. 특히 겨울에 몰아닥치는 한파로 인한 조드는 매우 큰 피해를 준다. 조드가 오면 기온은 -30~40℃ 이하로 떨어지며, 심하면 -50℃ 아래로 떨어지는 경우도 있다.

조드는 고대로부터 몽골인들을 괴롭히던 자연재해로 '전사는 화살 한 발에 죽고 부자는 조드 한 번에 망한다.'라는 몽골 속담도 있을 정도다. 조드에는 6가지의 종류가 있다.

- 차강 조드(цагаан зуд, 흰색 조드) 폭설을 동반하는 조드로 눈이 너무 많이 쌓여 가축들이 풀을 뜯지 못해 큰 피해가 발

생한다.
- 하르 조드(хар зуд, 검은색 조드) 눈이 전혀 오지 않아 물이 부족해져서 피해가 발생한다. 이런 종류의 조드는 매년 발생하지 않고 국지적으로 영향을 준다. 주로 고비 사막에서 발생한다.
- 트므르 조드(төмөр зуд, 철 조드) 겨울철 짧은 온난화로 인해 발생하고, 이어서 영하권 온도로 돌아간다. 눈이 녹았다가 다시 얼어붙으며 뚫을 수 없는 얼음 덮개가 생성되어 가축들이 풀을 뜯지 못하게 된다.
- 후이텡 조드(хүйтэн зуд, 추운 조드) 며칠 동안 온도가 매우 낮은 수준으로 떨어질 때 발생한다. 추운 기온과 강한 바람 때문에 가축들이 풀을 뜯을 수 없고, 따뜻함을 유지하기 위해 에너지의 대부분을 사용해야 한다.
- 합사르승 조드(хавсарсан зуд, 혼합형 조드) 위의 조드 유형 중 최소 2가지 이상이 혼합된 유형이다.
- 토브링 조드(туварын зуд, 가축몰이 조드) 위의 증상 중 하나가 지리적으로 널리 퍼져 있는 경우이며, 과도한 방목과 같은 합병증을 포함할 수 있다.[101]

들짐승의 공격보다 더 무서운 게 자연의 변화라고 유목민들은 말한다. 살이 올라야 할 가축들은 살이 찌지 않고, 예전에는 양

---

101) 나무위키 참조

떼들을 초원 언덕 위에 풀어 놓으면 알아서 풀을 찾아 먹었는데, 요즘은 따로 먹이를 사 오거나, 겨울 전에 모아둔 풀을 하루에 세 번 양에게 줘야 한다. 풀이 있어도 영양가가 부족해 최근 소의 젖 양이 크게 줄었다. 가축들은 점차 야위어가고 있다. 심지어 가족들이 먹을 식수를 해결하기 위해 5㎞ 떨어진 강에서 얼어붙은 얼음을 깨 통에 넣고 녹여서 식수를 해결한다.

문제는 가축이다. 가축들을 먹일 물이 없어 수십 킬로미터 떨어진 곳으로 이동해야 한다. 인근의 깊던 강들은 모두 실개천으로 바뀌었고, 물길이 있었다는 흔적만 남아있는 상태였다. 계속되는 자연의 변화 때문에 유목 생활을 얼마나 더 지탱할 수 있을지 모르겠다며 유목민들은 솔직한 심정을 털어놓는다.

몽골의 초원은 급속도로 병들고 있다. 몽골 지리 생태연구소의 발표로는 몽골의 사막화 비율은 전체 국토의 78.3%에 이른다. 지난 10년 사이에만 10% 증가한 것으로 조사됐다. 모래바람이 부는 날이 많아 진행 속도가 더 빨라지고 있다. 몽골 사막화를 연구해 온 몽골 지리 생태연구소 하올란벡 박사는 '몽골의 초원과 땅은 영양분이 없어지면서 사막화가 되고, 높은 산악지대는 병들고 있다'라며 '이것은 지구온난화 등에 따른 이상 기후와 인간의 욕심을 채우기 위해 난개발을 하면서 자연의 변화가 급속도로 진행되고 있다'라고 주장했다.[102]

---

102) 대재앙 '조드' 공포확산 초원 떠나는 몽골 유목민들, KBS뉴스 참조, 2019. 2. 4.

하루가 다르게 변화하는 21세기의 몽골 유목민의 미래는 누구도 장담할 수는 없다. 그러나 기후변화로 인한 초원의 사막화, 이로 인한 유목 생활의 어려움, 산업화로 인한 도시화로 문명의 침투 또한 유목 생활의 어려움으로 자리 잡고 있다. UN이나 유네스코 등 세계 기구에서는 기후변화로 인한 전 세계 사막화를 막기 위해 많은 노력을 하고 있다. 그러나 당장 삶의 현장에서 하루하루를 살아가야 하는 몽골 초원의 유목민들은 기르는 가축에게 주어야 할 싱싱한 풀과 깨끗한 물이 필요하다.

1) 과학과 만나는 유목민의 새로운 희망

하늘목장이라 불리는 내몽고의 한 연구소에서 목초를 재배하는 기술로 유목민들에게 작은 희망의 불씨를 피우고 있다.

네이멍구(內蒙古)자치구 어얼둬쓰(鄂爾多斯)시 어퉈커(鄂托克)기(旗) 쑤미투쑤무(蘇米圖蘇木)에 위치한 140m²에 달하는 목초 재배기지에서 인공조명, 자동 물주기, 액체 순환 등 기술을 통해 종자가 7일 만에 푸른 풀로 성장하며, 하루 평균 목초 생산량이 소 50마리 사료량에 해당해 현지인에게 '하늘목장'으로 불린다.

'하늘목장' 책임자 하쓰바투(哈斯巴圖)는 40세로 어퉈커 초원에서 자랐고 양식업에 종사한 적이 있다. 2015년에 그는 호주에서 목초 수경 재배를 시찰할 당시 실험 재배 안을 생각해 냈다. 2016년 귀국 후 컨테이너로 목초 수경 실험 재배를 시도해 성공을 거두었다. 2019년부터 그는 또 컨테이너를 활용해 대량으로 안정적인 목초 수경 재배를 통해 한 해 동안 필요한 목축 사료 수요를 만족시켰다.

2020년 하쓰바투는 기계 제조공장 측과 소통 후 목초 수경 재배에 현대적 농업 관리를 도입하고, 스마트 목초 수경 재배 기지를 연구·개발했다. 2023년 2월 국가 지식재산권 국의 실용 신형 발명특허까지 획득했다.

2023년 4월 3세대 스마트 목초 수경 재배기지가 운영되면서 자동화된 완벽한 라인이 구축되어, '농업+공업+스마트' 모델을 통해 목초 수경 재배를 더 포괄적이고 맞춤식으로 관리하게 되었다.

"소와 양이 먹는 풀도 채소와 마찬가지로 '온실'에서 자라면서 계절의 영향을 받지 않게 될 것으로 생각지도 못했다". 하쓰바투는 현재 추운 겨울철에도 가축들이 신선한 풀을 먹을 수 있어 사료비용을 줄였을 뿐 아니라 사료에 영양가도 풍부하다고 설명했다. 실험 데이터를 보면, 가축의 신선한 풀 소화율은 70%에 달하고, 에너지 전환율은 90%에 달해 기존 건조한 풀보다 40%, 80%씩 높다. 만약 농목축민이 1년간 신선한 풀로 사료를 먹인다면 사료비용을 40%까지 줄일 수 있다.[103]

미래 산업의 하나로 불리는 재배 기술이 더 발달한다면 우리는 몽골 초원을 점점이 수놓은 게르를 단지 관광 상품으로만 볼 수 있을지도 모른다. 가축을 몰고 다니며 목축하는 유목민들의 모습

---

103) 네이멍구 '하늘목장' 가축들, 겨울에도 신선한 풀 먹어, 인민망 한국어판, 2024. 1.4 전재

도 볼 수 없을지도 모른다. 그렇지만 유목민들의 현실을 생각하면 미래 산업이 그들의 생명이자 꿈이 될 수도 있을 것이다.

2) 몽골초원의 새로운 생명을 위한 프로젝트

UN이나 유니세프에서는 세계 환경문제와 몽골초원의 사막화 현상에 대한 문제에 심각하게 주시하며 이를 막기 위한 세계적인 운동을 펼치고 있다. 유럽위원회 공동연구센터가 발표한 세계사막화지도(World Atlas of Desertification)에 의하면 지구 육지 면적의 75%에서 이미 사막화가 진행되고 있으며, 오는 2050년까지 90% 이상이 황폐해질 수 있다고도 경고하고 있다.

UN에서는 세계 사막화 방지와 지구환경 보호를 위해 1994년 프랑스 파리에서 사막화방지협약(UNCCD)을 채택하고, 이를 기념하기 위해 매년 6월 17일을 '세계 사막화 방지의 날'로 지정하고 있다. 특히 사막화방지협약은 기후변화협약, 생물 다양성 협약과 함께 유엔의 3대 환경 협약 중 하나이다.[104]

1990년대 초만 하더라도 몽골의 사막화는 전 세계적인 문제는 아니었다. 그러나 최근 30년간 진행된 몽골의 사막화 속도는 어디에서도 찾아보기 힘들 정도로 빠르게 진행되고 있어 많은 전문가가 우려의 목소리를 내는 상황이 되었다. 지난 60년간 세계 평

---

104) 사막으로 가득한 지구? '세계 사막화 방지의 날'을 기억해주세요. 한국환경산업기술원한국, 2023. 6. 16. 일부전재

균 기온이 0.7도 상승했는데 몽골은 2.1도나 상승했고 이미 몽골 전체 국토의 77%가 사막화, 토지 황폐화가 진행되고 있다.

몽골 정부에 의하면 지난 30년간 1,166개의 호수와 887개의 강, 2,096개의 샘이 사라졌고, 매년 기온은 상승하고 있지만, 강수량은 매년 5.2% 정도 감소하였고 남부 고비사막에 한정되었던 가뭄 위험이 산림지대였던 북중부와 북동부까지 확대되고 있다. 몽골의 사막화를 보여주는 가장 상징적인 식물이 골담초라는 식물인데, 초원 곳곳에서 어렵지 않게 목격할 수 있는 이 골담초가 땅에서 물을 흡수하는 힘이 강해서 사막화를 촉진하는 대표적인 사막화 지표 식물이며, 토지가 사막화돼 풀이 죽은 자리에 무성하게 자라고 있다.

몽골 국토의 절반 이상이 영구 동토층으로 그동안 얼음 댐 역할을 하면서 대초원의 풀을 먹이고 강과 호수를 만들었는데 최근 수십 년간 진행된 지구 온난화로 영구 동토층이 녹기 시작하면서 국토의 80% 정도가 황폐해지고 있다.[105]

한국의 산림청에서도 몽골의 사막화를 막기 위해 지난 17년 전 몽골 룬솜 지역에 몽골 고유종인 비술나무, 생장이 빠른 포플러 등 건조하고 차가운 기후에도 잘 견디고 주민에게 도움이 되는 수종의 나무를 식재했다. 그 결과 15년 후인 2021년 산림청 자료에 의하면 10m가 넘는 나무로 성장해 울창한 숲을 이루고 있었다. 이 밖에도 다른 사막 지역에도 많은 수의 나무를 식재했다. 울란

---

105) 몽골의 사막화는 얼마나 심각한가?. 여행 건강 정보 여의도 디지털노마드, 일부전재

바타르 한국식 도시 숲은 축구장 40개 크기의 땅에 비술나무, 갈매 보리수, 시베리아 낙엽송 등 3만 그루가 심어졌다.[106]

　몽골 정부는 지자체와 기업에 나무 심기를 할당했다. 수도인 울란바타르 1억 2천만 그루, 어기노르 솜이 속한 아르항가이 아이막은 2천만 그루를 심어야 한다. 우르차이흐 어기로느 솜장은 '어기로느(Өгийнуур) 솜은 70만 그루를 할당받았다. 어떻게 심을 수 있을지 고민'이라고 말했다. 예산을 따로 확보하기 어려운 상황에서 우르차이흐 솜장이 아르항가이 아이막에서 가장 큰 녹지인 '페이퍼리스 생태림'에 관심이 큰 것은 당연한 일이었다. 그는 '어기노르 조림지에서 7만여 그루를 심으면서 녹지 확보에 기여하고 있고, 우리에게 묘목도 공급하고 있다.'고 설명했다. 몽골 정부가 10억 그루 심기 운동을 펼치면서 푸른 아시아에 지원을 요구하는 몽골 지방정부가 많다고 한다. 그러나 푸른 아시아의 관리와 지원금 없이 현재 8개 조림지 주민이 자립하기는 어려운 상황이다. 숲의 지속 가능성이 중요하기 때문에 기존 조림지가 자립하지 못하면 다른 사막화 지역에 생태림을 조성하는 사업을 시작하기도 쉽지 않다. 당장 '페이퍼리스 생태림'만 하더라도 묘목 구매비, 조림비, 인건비 등은 기업지원으로 이뤄지고 있었다. 타이반 주민팀장은 '지원이 없어도 운영이 되는가?'라는 질문에 고개를 저었다. 한승재 푸른 아시아 실장은 '바양노르(Баяннуур) 사

---

106) 산림청 자료 참조

아르항가이 아이막의 여름 숲과 들

아르항가이 아이막의 여름 숲과 들

업장은 지원금도 거의 받지 않을 정도로 자립했다'라며 '다른 사업장들도 자립할 수 있도록 도울 것'이라고 밝혔다.[107]

푸른 아시아재단은 한국에 본부를 둔 NGO 단체로 현재 몽골, 미얀마, 베트남에 지부를 두고 각 나라의 조림 및 지역 개발 사업을 펼치고 있는 단체이다. 특히 몽골에서는 울란바타르에 지부를 두고 '임농업교육센터'를 운영하면서 유실수 가공공장 및 10개의 조림 사업장을 운영하고 있다.

환경변화와 사막화의 문제를 해결하고 푸른 초원과 그곳을 점점이 수놓은 게르의 물결과 수많은 가축이 평화롭게 풀을 뜯는 모습을 그려보게도 된다.

---

107) 몽골 가축 떼죽음 부르는 '조드;.. 유목민, 기후난민이 되다. 한겨레 신문. 일부전재

12
20세기 초 변혁기의 몽골

 1911년 중국의 민주주의 혁명으로 청나라가 사라지고 중화민국이 탄생하였다. 이때 외몽골의 왕과 공들은 회의를 열어 제 8대 젭춘담바 후툭투(Жавзандамба хутагт)[108]인 보그드 칸을 중심으로 보그드칸국을 건국해 독립을 선포했다. 이후 중화민국과 러시아는 보그드칸국의 자치를 인정했지만, 외교권은 중화민국에 이양되었다. 1917년 러시아 혁명이 일어나 러시아 제국이 망하자, 러시아와 맺어졌던 캬흐타 협정은 자동으로 취소되었으나, 중화민국은 보그드칸국의 자치를 불허하면서 중국의 북양군벌의 안휘군벌(安徽軍閥) 파벌인 쉬수정(徐樹錚)의 공격에 항복하고 굴욕적인 자치 취소식을 거행하여 복속시켰다. 쉬수정은 몽골이 중국에 상환해야 할 채무가 있다고 주장하면서 엄청난 양의 물자

---

108) 젭춘담바 후툭투는 티베트 달라이 라마처럼 몽골판 달라이 라마라고 할 수 있으며, 과거에는 통치자였지만 현대에는 세속적 권력은 잃고 종교지도자 지위로서 몽골 불교도에게 큰 존경을 받고 환생 계승으로 이어진다.

를 수탈하여 몽골의 경제를 파탄지경에 몰아넣었다. 이후 중국의 내전으로 몽골에 주둔한 병력이 베이징으로 소환되었다가 소멸해 안휘군벌은 실각했다.

1917년 러시아에서 볼셰비키 혁명으로 새로운 국가가 수립되면서 레닌 정부는 아시아의 식민지 및 반식민지 상태에서 벗어날 수 있다는 기대와 희망을 불러일으켰다. 당시 몽골은 중국의 지배에서 벗어나기 위해 소련에 도움을 요청하였고, 1921년 소련의 로만 폰 웅게른 슈테른베르크가 이끄는 적군이 후레(Хүрээ)(지금의 울란바타르)에 포병과 기관총으로 무장하고 참호망까지 건설하고 격렬하게 저항하는 7천 명의 중국군을 격퇴하여 보그드칸국의 독립을 회복시켰다.[109]

소련의 군대가 몽골에서 진주하게 됨으로써 몽골을 중국군에서 해방하고 공산주의라는 새로운 이념의 씨앗이 뿌려지게 되었다. 중국의 지배에서 벗어나기 위해 소련을 끌어들인 결과지만, 몽골은 이전 13세기 100여 년간에 걸친, 전(全) 러시아사에 대한 몽골의 지배기가 있었다. 고대 그리스 역사가 헤로도토스(Herodotos)가 '역사는 돌고 돈다'라고 규정한 것처럼, 7세기를 건너 소련의 영향력이 몽골에 강화되었다. 특히, 공산주의 이념의 확산 및 수출, 공산주의 정권의 수립 및 실험이라는 전략적 계획에 몽골이 가장 먼저 포함되었다. 소련의 몽골지원은 전략적 이유에 기인한다.

---

109) 관광문화콘텐츠와 세계문화유산, 몽골. 인피니티컨설팅, 이영섭, 전도근, 일부전재

첫 번째는 중국과의 직접적 충돌을 피하고자, 두 번째는 중국, 티베트, 한반도에 공산주의 이념을 수출하기 위해, 세 번째는 몽골에 있던 모든 외국기업과 은행, 기업인들을 모두 강제 출국시킴으로써 소련이 생산한 제품과 상품만을 교역할 수 있는 독점적 무역구조를 구축하기 위해, 네 번째는 몽골의 원자재, 광물자원, 가축을 낮은 가격으로 공급받기 위해서이다.

러시아는 몽골을 침범하여 중국의 세력을 몰아냈지만, 살육과 노략질로 공포와 광란의 폭압 정치를 실시해, 몽골 국민 간의 분규, 학자와 승려들에 의해 집필된 지적 재산과 불경, 전통적 가치관과 이념은 훼손되었고, 대신 레닌과 스탈린주의에 기초한 공산주의적 이념이 강조되었다.

몽골 사회 정부는 1928년 이후에 귀족계급과 불교사원을 탄압하고 유목민들을 강제로 집단화했다. 봉건유제의 청산과 계급혁명이라는 핑계로 개인의 종교적 자유 박탈과 사유재산의 금지, 기타 이념 대한 자유를 제한, 대규모 가축을 소유한 자나 제후, 고위 승려, 상속자들의 재산은 압수되었고, 일부는 감금, 고문, 사형을 당하기도 했다. 많은 라마승이 처형당하는 인권 유린이 이어졌다. 20세기 초에 20만 명에 달하던 라마승들이 20세기 중반에 이르러서는 1천 명이 되지 않을 만큼 숙청이 이루어졌다.

이 시기 몽골에서 중국군을 쫓아내기 위해 후레에 파견되었던 러시아 백위파 대장 로만 폰 웅게른 슈테른베르그(Roman von Ungern-Sternberg, 1885~1921)는 보그드칸과의 사이는 좋았지만, 몽골 점령 기간 동안 잔혹하고 엽기적인 행동으로 '미친 남작'이라는 별명을 얻었다. 슈테른베르크에게 살해당한 사람들 중에는 한국의 독립운동가이자 몽골의 신앙과도 같았던 의사 이태준도 있었다. 1930년까지 몽골 성인 남자 5분의 1이 사형이나 감금당했다.

수천 년간 유목 생활로 자신의 조상 때부터 소유하여 기르던 유목민들의 가축은 모두 국유화되었고, 대신하여 국영 집단 농장의 소유권을 불하받았다. 가축도 지역에 따라 가구당 50마리 내지 75마리까지만 소유할 수 있었고, 그 이상의 가축은 국가 소유가 되었다. 그러면서 가축 수가 줄어들어 약 23만 마리 정도로 줄어들었고, 유목민들의 경제는 파탄이 났다. 그 후 몽골은 1990년 시장경제체제의 도입과 민주주의 체제로 전환하면서 가축 소유에 대한 통제가 없어지며 가축수가 다시 증가하며 3천3백만 마리로 늘어났다. 이처럼 사회는 급격하게 변화되면서 몽골의 주거지도 변화할 수밖에 없었다.[110]

---

110) 초원에서 무지개를 보다, 도서출판 그린, 서울 시립대학교 몽골센터 몽골연구시리즈1, 금화연, 서동주, 김기선, 김장구, 버트투르, 김홍진, 허만호, 사인빌렉트, 참조

13
몽골의 현대 주거문화

몽골의 전체 인구는 2023년 11월 기준 344만 7천여 명이다. 이 중 절반에 가까운 170만 명이 수도인 울란바타르에 거주하고 있다. 1956년의 울란바타르의 인구가 10만 명이었음을 생각하면 산업화와 사회, 경제, 문화 등의 변화에 따른 급격한 수도 밀집형 인구 증가라고 할 수 있다. 인구가 증가하면서 주거지 문제가 사회문제로 인식될 수 있는 현실이 생겨났다. 이에 따라 울란바타르시는 주택공급 부족, 교통 혼잡, 환경오염 등 도시문제가 심각하게 대두하고 있다.

울란바타르 시내 아파트 밀집지역, 군데군데 게르를 치고 있는 모습이 보인다

울란바타르 시내전경

몽골의 수도 울란바타르(Улаанбаатар)는 청나라의 지배를 받던 1639년부터 시작된다. 그 시기 승려들이 정착해 사는 '후레(Их Хүрээ)'라는 사원 도시였다. 당시 이 도시에는 2만 명에 달하는 사람들이 거주했던 것으로 예상하는데, 유목 생활을 하던 시골 사람들이 사원 도시에 몰려들어 살기 시작하면서, 초기 게르 지역이 형성되었다.

1940년대에 최초 공동 주거단지가 건설되기 전까지 몽골은 전통 주거지인 게르가 몽골인의 유일한 주거지였다. 유목민의 주거

지가 게르였다는 것은 그들의 산업이 목축이 대부분을 차지하고 있었다고 설명할 수 있다. 1921년 인민 혁명이 승리하면서 사회주의 체제로 바뀌었고, 체제의 변화 뒤의 사회구조 변화는 몽골의 근대화를 가속했다. 변화하는 세계의 산업혁명에 동참하여 새로운 산업개발이 시작되었다.

이후 1990년까지 70년 동안 몽골은 사회주의 체제의 나라였다. 기존 시스템이 붕괴하면서 국가가 재산을 민영화 또는 사유화하여 국민에게 분배하는 새로운 국도개발 및 도시개발의 개념이 활성화되었다. 도시에 거주하는 국민은 국가로부터 거주하고 있던 집을 무상으로 받고, 중소기업, 가계 등도 민영화되어 이를 받을 수 있었으나 지방에 거주하는 사람들은 기르고 있었던 가축만을 분배받을 수 있었다. 따라서 수익도 감소하였고 이에 따라 지방에 거주한 사람들이 도시로 몰려오기 시작하면서, 도시 외곽 토지를 무허가로 점유하고 게르를 지어 정착함에 따라 점점 확장되어 광범위한 게르 지역이 형성되었다.

울란바타르는 몽골의 수도이자 최대 도시로서 특히 인구의 도시 유입이 많아져 게르 지역이 가장 대단위로 형성되었다. 울란바타르시의 도시기본계획은 여러 차례에 개정 과정을 거쳤으나 그럼에도 불구하고 급격한 도시화 및 이에 따른 인구 증가를 예측하지 못하여 환경오염, 기반 시설 미비, 주택시설 미비점 등에 선도적으로 대처하지 못하는 문제점을 도출하였다.[111]

사회, 경제 등 모든 분야가 사회주의 체제로서 국가에서 운영하는 구소련의 방식을 모방했다. 물론 시대의 변화에 맞춰 새로운 주거지를 위한 건설 전문가를 양성하는 시간도 없었지만, 1940년대 몽골 최초 공동주택 건설 사업은 주로 구소련의 원조로 이루어졌기 때문에 건설된 주택은 구소련의 주택설계를 이용한 것이었다. 주택건설도 그러한 영향 아래 변화했다. 몽골 전통가옥인 게르에서 살아온 몽골인은 새로운 주거 생활방식에 적응하기가 어려웠

---

111) 게르 지역 주택화 사업에 따른 영향 연구, 호서대학교 벤처대학원 융합공학과 환경보건에너지공학전공, 석사학위 논문, DULGUUNMUNKH.T, 2022. 일부전재

지만, 공동주택이 건설됨으로써 몽골 주택은 새로운 변화 단계에 올랐기 때문에 공동주택이란 개념 하나만으로 만족했었다.

 1960년대부터 공동주택건설이 활발하게 추진되었다. 이 시기의 주택공급 정책은 국민이 살 수 있는 최소한의 주거 공간을 빠른 시기에 제공한다는 것이었다. 그러다 보니 양질의 주거지가 아닌 양적 공급에만 집중했다.

 몽골 정부는 최초 도시계획을 50만여 명 정도로 예상하고, 몇 차례의 도시계획을 거쳐, 건설한 아파트를 국민에게 제공했다. 그러나 도시로 유입되는 인구수의 예측에 실패하면서, 국민은 아파트 청약을 위해 신청 후 최소 10년 이상을 기다려야 했다. 또한 곳에서 오랫동안 일한 개인, 자녀가 5명 이상 되는 가구, 특별하게 일을 잘하는 개인, 개발자, 참전용사, 연예인, 운동선수 등이 우선순위로 아파트를 공급받을 수 있었다. 결국, 이주민 대부분은 아파트를 얻을 만한 재력이나 조건을 충족하지 못했기 때문에 게르 지역에서 거주할 수밖에 없었다. 아시아개발은행의 보고서(2004년)는 이주민들의 약 80%가 게르 지역에서 거주한다고 밝히고 있다.[112]

 안정적인 삶과 또 다른 꿈을 위해 정착민을 꿈꾸고 도시의 삶을 선택했지만, 아직 그들의 삶은 게르에 머무르게 된 셈이다.

---

112) 몽골 도시재개발사업에 대한 연구, 한국교통대학교 대학원, 행정학석사 논문, Bat-Erdene Ganchimeg, 2016년, 일부전재, 참조

현재 몽골인들이 주거지 유형은 크게 4가지로 나뉜다. 몽골 전통적인 게르, 게르촌 단독주택, 아파트(공동주택), 고급하우스 등으로 구분된다. 그중 52%의 주민이 게르에서 거주한다.

1990년 몽골에서 민주화운동이 일어나면서 70년의 역사를 가진 사회주의 체제가 막을 내리고 자본주의 정책으로 바뀌는 계기가 되었다. 이후 몽골은 외국의 여러 국가들과 수교하고, 개방적인 경제 개발 영향으로 주거 시설이 변화되고, 새로운 사회 문화의 영향을 받았다.

그러나 시장경제 체제로의 급격한 사회변화와 도시계획에 따른 도로·공원·시장·학교·상하수도 등 국민의 생활이나 도시기능 유지에 필요한 사회기반시설은 아직 이에 미치지 못하고 있다.

4가지의 주거 형태는 생활 수준의 바로미터라고 볼 수도 있는데, 소득이 낮은 시민들이 사용하는 주거지는 게르와 단독주택이다. 이들의 게르 지역은 울란바타르 남쪽을 제외하고 다른 모든 쪽으로 향해 확산하고 있다. 공동주택에는 중산층과 오래전부터 울란바타르에 살고 있던 원주민이 거주하고 있다. 소득수준이 높은 부유층이 거주하는 주거지인 고급 하우스는 2005년부터 건설되기 시작되었는데, 남쪽인 개발제한 구역인 톨강(Туул гол)건너에 위치하고 있다.[113]

몽골의 공동주거지에 대한 시대별 변화와 주거지의 변화를 변화시기별로 점검해본다.

---

113) 몽골 상하수도시설 진출을 위한 기본 연구 – 울란바타르시를 중심으로, 서울과학기술대학교 건축과, 석사학위논문, 2023, 다시남, 일부 전재, 참조

1) 1940~1960년대

1931년에서 1934년까지 몽골의 수도 울란바타르에 최초로 공장과 발전소가 건설되면서 산업개발이 시작되었고, 산업에 투입된 노동자계급이 생겨났다. 오랜 유목 생활을 해오던 몽골인들이 산업시설에 대거 투입되기 위해 수도인 울란바타르로 모여들면서 주거지의 문제가 생겨났다. 목축을 위해서는 이동식 게르가 합리적인 주거지이지만, 한곳에 정착되어 삶을 이어가는 사람들에게 주택은 새로운 개념으로 등장했다. 이들 노동자를 위한 집단 주거지의 필요성을 느낀 몽골 정부는 최초 집단 주택시설인 공동주택을 건설한 것이다.

새로운 산업의 개발과 주거지의 변화가 일어나면서 1940년에 개최된 제10차 혁명 당 총회에서 보건 주의와의 투쟁 승리를 선포했는데, 국가의 새로운 정책 방향 중 하나가 주택건설이었다. 1940~1941년 지어진 최초의 공동주택으로 4,000㎡ 1~2층 주택이 건설되었다.

몽골의 경제, 문화개발은 제1차, 1948~1952년, 제2차, 1953~1957년 5개년 계획이 최초로 실시된 시기였다. 이 시기에는 총 연면적 42만㎡의 공동주택이 건설되었다.

1954년 울란바타르시 개발계획이 처음으로 시작되면서 공동주거를 구역별로 건설하기 시작했다. 이 시기의 특징은 몽골에서 최초로 공동주택을 건설, 건설 재료의 부족, 현대기술의 미도입, 1, 2, 3층짜리 집을 개별 설계도로 건설했다.

그 당시 몽골에는 건설 분야 전문가들이 없었기 때문에 구소련의 원조에 의존했으며, 기술과 표준설계를 그대로 가져다 공동주택을 건설했다. 따라서 이 공동주택은 몽골인들의 생활양식과 풍습을 고려하지 않은 주거지였다.[114]

2) 1960~1975년

이 시기는 국가 공업화 정책, 농업 분야에서의 변화로 국민은 도시로 급속히 집중하는 현상이 생겼고 국민주택 공급 문제가 제의되면서 정부에서 주택정책을 시행하였다.

1961년부터 총설계의 40%를 한 가지의 표준설계로 만들었다. 이렇게 함으로써 건설 기간을 줄이고 짧은 기간에 대량 주택공급이 가능하게 되었고, 경제적으로 유리하게 되었다. 당시 한 가지 표준설계로 건설된 주택의 1㎡당 비용은 별도로 만든 개별 설계로 건설된 주택에 비해 15% 정도 저렴했고, 건설 기간이 20% 정도 단축되었다.

1970년까지 구소련의 주택표준설계도를 몽골의 지리와 기후조건에 맞게 이용했다. 당시 1개 또는 여러 개 계단실형 아파트와 복도형 기숙사 형태의 주택만을 집중적으로 설계하고 건설하여 도시가 똑같은 형태의 주택 건물로 가득 차고 도시 전체의 모습이 획일적으로 되었다. 이에 따라 울란바타르시에 있는 공동 주택 외

---

114) 몽골주택의 역사와 변천과정에 관한 연구, 대한건축학회 학술발표논문집, 바야르, 이문섭, 1999 일부내용 전재

관만 보고도 어느 시기의 건물인지 뚜렷하게 구분할 수 있다.

당시 주택에는 1실형 10평형 미만, 2실형 13평형, 3실형 17평형, 4실형 22평형 아파트가 건설되었다. 이 시기의 특징은 모듈시스템, 조립식 주택이었다. 총 주거단지의 70%가 조립식 아파트였다. 구소련에서 건설되었던 조립식 아파트의 설계를 그대로 도입해 울란바타르시에서 15, 12, 5, 19, 3, 4(1975년) 아파트 단지 구역이 건설되었다. 1960~1975년 사이에 건설업체들은 구소련의 업체들이 60%를 차지했다. 이 시기에 건설된 아파트의 총면적은 150여만 ㎡였고, 세대수는 31,500세대였다.

3) 1975~1990년

이 시기는 6차, 7차, 8차 사회 경제개발 5개년계획의 시기였다. 1976년에서 1980년 사이에 건설의 4대 주재료인 시멘트, 벽돌, 철근 콘크리트 공장이 새로 건설되어 공동주택 건설이 이전보다 더 빠른 속도로 활발하게 추진되었다. 1975년 공동주택 총면적이 190만㎡였고, 1985년도는 360만㎡로 거의 2배가 증가했다. 1990년에는 거의 3배로 증가했다.

1976년부터 1980년 사이에 1년 24만㎡의 아파트가 건설되었으며, 1981년부터 1986년 사이에 1년에 30만 3.6천㎡가 건설되었고, 1986년에서 1990년까지 45만 7.1천㎡를 건설함으로 이 시기에 울란바타르에 가장 많은 아파트를 건설한 시기였다.[115]

---
115) 몽골주택의 역사와 변천과정에 관한 연구, 대한건축학회 학술발표논문집, 바야르, 이문섭 인용, 참조

4) 1990년대 이후

1990년 몽골 민주화 운동에 의한 극심한 사회적 변화가 생기면서 이전의 경제체제에서 시장경제 체제로 전환되었다. 시장경제 전환 이후, 국가 경제가 어려워지면서 물가 인상, 건설 재료의 가격상승 등으로 국가 경제가 어려워지고, 공동주거지 건설이 거의 중단된 상태가 되었다. 1992년 주택생산량이 1990년보다 2배가 줄어 1960년대 수준으로 전락했다.

1996년에 들어서면서 개인 건설업체들이 생겨나고 아파트를 짓기 시작했지만, 1990년 이전에 비하면 생산량이 저조한 실정이다. 1990년 이후에 14층까지의 공동주택이 건설되어 외부 형태로 시기별 구분이 가능하다.

공동주택의 면적은 연도에 따라 면적이 축소되고 있다. 이것은 경제적인 상황 때문에 방 면적을 줄인 것도 있지만, 울란바타르시 인구의 급속한 증가 때문에 세대수가 늘어났고, 한 세대에 해당한 아파트의 면적을 줄이기 위해서였다.

공동주택의 시기별 단위평면 면적 위 변화를 보면, 1940~1960년대까지는 1실형이 유효면적 15.53㎡, 총면적이 29.73㎡, 2실형이 유효면적 31.78㎡, 총면적 48.32㎡, 3실형이 유효면적 46.36㎡, 총면적 67.38㎡, 4실형이 유효면적 75.02㎡, 총면적 103.49㎡이다. 1960~1975년까지의 공동주택의 1실형은 유효면적 16.93㎡, 총면적 29.66㎡, 2실형은 유효면적 28.6㎡, 총면적 44.58㎡, 3실형은 유효면적 40.82㎡, 총면적은 56.11㎡, 4실형은 유효면적 53.75㎡, 총면적 72.17㎡이다. 1975~1990년까지의 공동주택 면적은 1실형의 유효면적이 17.27㎡, 총면적 31.87㎡, 2실형은 유효면적이 30.92㎡, 총면적이 50.53㎡, 3실형은 유효면적이 40.31㎡, 총면적은 62.99㎡, 4실형은 유효면적이 50.48㎡, 총면적이 74.28㎡이다. 이 자료를 보면 1실형은 면적이 조금 늘어난 반면, 2, 3, 4실형은 오히려 면적이 줄어들었다.

울란바타르시에서 건설한 공동주택의 평면 계획원칙의 공통점을 분석해 보면 다음과 같다.

- 1실형 아파트 _ 부엌은 면적이 작으며 거실에 붙어있고, 거실과 복도로 연결된 한 가지 방법으로 계획되었다.
- 2실형 아파트 _ 부엌을 거실과 침실 사이에 두어 서로 복도로 연결되었으며, 침실은 거실을 통해서 출입하게 되어 있고, 화장실은 바깥문과 가까이 배치되었다. 부엌은 거실에 붙어있고 화장실을 침실 가까이 둔 배치의 장점은 화장실 이용이 편해진 것이다. 부엌과 화장실은 붙어있고 거실과 부엌 사이에 침실을 둔 배치는 부엌과 거실이 너무 떨어져 있으므로 이용이 불편하다. 침실과 부엌이 따로따로 거실과 붙어 있으며 복도로 연결되었다.
- 3실형 아파트 _ 침실이 거실을 통해서 출입하게 배치되었으며, 부엌은 거실에 붙어 있고 복도는 침실에 연결되었다. 침실은 화장실 가까이 두었으며, 부엌과 침실 사이에 화장실

을 두었다.

- 4실형 아파트 _ 침실은 2개씩 붙어있으며, 거실과 부엌 사이에 침실을 두었다. 침실들은 화장실 가까이 두고 침실 부분을 따로 했다. 침실들을 2개씩 연결하고 작은 침실에 큰 침실을 통해서 출입하게 했다. 이와 같은 울란바타르시 공동주택의 평면계획은 각실 면적이 너무 작고 계획 자체가 다양성이 없는 공간구조이기 때문이다.[116]

---

116) 몽골주택의 역사와 변천과정에 관한 연구, 대한건축학회 학술발표논문, 바야르, 이문섭, 일부전재

14
울란바타르시 게르 지역

　울란바타르에 공동주택이 일반적인 주거지가 되면서, 게르에 거주하는 인구수는 감소 추세이지만, 공동주택의 입주가 어렵고, 가격도 비싸, 게르에서 거주하는 사람들의 수는 아직도 많다. 게르에서 거주하는 것이 일반주택에 비해 저렴하고 이동도 편해, 많은 수의 몽골인이 게르를 주거지로 활용하고 있다.
　몽골이 70년간 사회주의 체제에서 정부의 개입으로 생산 수단의 공동 소유 및 평등 분배로 도시와 지방의 생활 수준이나 부의 차이가 없었다. 축산업도 국가에서 생산을 지원했다. 이후 민주주의를 받아들이면서 시장경제로 전환되었다. 그리고 공장과 건설 등 많은 사업이 민영화, 사유화되고, 공동주택 역시 개인 명의가 되었다. 그러나 분양을 기다리던 사람들은 이 혼란의 와중에 혜택을 누리지 못했다.
　급격한 시장경제로의 전환은 축산업에도 영향을 미쳤는데, 국가 소유였던 가축을 배분하면서 삶을 유지할 만한 수의 가축을 받지 못한 사람들은 경제적 어려움에 부닥치고, 이는 또 다른 일자리를 찾아 도시를 향하는 전형적인 인구 도시 밀집 현상을 일으키게 된 이유다.[117]

몽골의 유목민들 가운데는 1992년부터 도입된 시장 경제체제에 성공적으로 적응하여 부를 쌓아가는 사람들이 있는가 하면 유목으로는 도저히 자녀 교육을 비롯한 가족부양이 어려워 가축을 포기하고 다른 생업을 찾아 울란바타르나 다른 도시로 이주하는 사람들도 많다. 가족이 중병에 걸린다든지, 자연재해를 만나는 것도 유목민이 가축을 팔거나 잃고 도시빈민으로 편입되는 지름길이 되고 있다.

이는 유목이 생업을 지켜주는 수단으로 절대적이던 그 시기를 벗어나 이제는 현대문명과 함께 다양한 직업이 생겨나고 삶의 방향도 많은 것들이 바뀌어 가고 있기 때문이다. 유목민들의 의견을 들어보면 가축 수가 500마리 정도는 되어야 한 가족이 먹고 살 수 있다고 하는데, 대도시로 이주하는 사람들은 가축의 규모가 그보다 적음을 의미한다. 따라서 초원에서부터 가난한 사람들이 대부분이었을 것으로 보인다.[118]

가난을 극복하기 위해 희망을 찾아 도시로 온 사람들은 주택을 살 자금이 없었고, 공동주택에 입주하지 못하자 사용하던 게르를

---

117) 월드프렌즈 NGO 봉사단_몽골, 도시화의 이면, 몽골 울란바타르의 게르지역, 한국희망재단|작성자 한국희망재단, 일부 전재, 참조
118) 몽골 고원의 유목 전통과 현실, 인문논총 제67집, 서울대학교 인문학 연구원, 유원수, 참조

들고 와 주거지로 삼으면서, 현재의 게르 지역이 탄생하게 된 배경이다.

과거 한국에도 몽골과 비슷한 시기를 거치는데, 경제개발 정책에 의해 산업화가 급격하게 이루어지는 과정에 서울에도 과거 판자촌이라 불리는 무허가 건물이 상당수 생겨났다. 남산 갈월동 일대와 명동 뒤편, 청계천 등 현재는 서울의 중심부가 된 곳에 이러한 판자촌이 형성된 배경에는 6.25 전쟁 이후 피난민들에 의해 조성된 것이고, 이후 경제개발 정책에 따른 인구의 유입으로 아현동, 미아리, 용산까지 서울 곳곳에 집락 촌이 생겨났다.

한국은 경제발전 5개년 계획으로 경제고도 성장기를 맞이했다. 급격한 산업화의 현장으로 취업을 위해 시골에서 서울로 상경하는 이촌향도(離村向都) 현상이 벌어졌다. 이로 인한 서울은 인구의 증가가 두드러졌고, 이들의 주거지는 대부분 무허가 판잣집이었다. 이때 정부의 주거환경개선사업으로 탄생한 것 중 하나가 저 유명한 마포구 창천동에 세운 와우아파트다. 1969년 6월 26일 착공해 6개월 만인 12월 26일 준공했다. 1970년 4월, 19개 동 중, 1개 동이 붕괴하면서 서른 명 이상이 사망했다. 짧은 공기와 턱없이 낮은 원가, 중간 업체들과 공무원들이 대금을 떼먹는 경우가 빈번해 날림공사가 될 수밖에 없었고 와우아파트 붕괴의 원인이 되었다. 그 후 1986년 아시안 게임, 1988년 서울 올림픽으로 인한 도시 재개발 사업이 진행되었다. 그 후 현재 서울의 모습이 탄생하게 된 것이다.

울란바타르의 게르 촌에는 비록 공동주택과 같은 현대식 생활을 하는 데는 무리가 따르지만, 현대식 문명 기기들로 무장하고 있다. GPS와 위성통신을 이용한 방송 청취, 와이파이(Wi-Fi) 수신기를 이용한 노트북, 태블릿PC, 휴대전화 등, 현대문명을 이용하고 있다. 아직 데스크톱 PC라든가, 유선이 있어야 하는 시설은 무리이지만, 태양광, 태양열, 풍력발전기 등을 이용해 전력을 사용하고 있으며, 이들의 기술 발달로 인한, 유선 인프라가 필요 없는 혜택을 볼 수 있을 것으로 전망한다.

게르 지역에서 거주하는 가구는 2008년 29,600가구로 증가했으며, 게르 지역의 인구 증가율은 연평균 6.0%나 되어, 2012년 초에는 게르 지역 거주자가 184,200가구, 거주민 80%에 해당하는 대부분이 시골에서 상경한 이주민들이다. 이러한 게르 지역은 계속 증가 추세고, 우후죽순처럼 증가하는 게르 지역으로 인해 여러 가지 문제가 발생하고 있다.

1) 도시미관과 환경오염

건축학적인 설계나 도시미관을 고려하지 않고, 게르를 칠 수 있는 공간이라고 판단되면 들어서는 게르 지역은 도시의 가장 기본적인 기능인 기반 시설이 부족하고, 이로 인한 불편함이 가중되고 삶의 질이 떨어질 수밖에 없다. 도시미관을 논할 수 없는 상태라는 이야기다. 이로 인한 주거환경 문제가 야기되고, 그리고 안정되지 않은 주거환경에 필연적으로 동반되는 환경오염도 빼놓을 수 없다. 특히 겨울철에는 심각한 대기오염을 겪고 있다. 울란바타르가 1300미터 고지대에 있어, 겨울이 무척 춥다. 따라서 게르 지역에 거주하는 사람들은 목재를 태우거나, 정제된 연탄에 비해 불순물이 많은, 보다 가격이 저렴한 생 석탄을 연료로 사용하는 경우가 많다. 그러다 보니 공해 발생이 많다. 더구나 폐타이어나 폐플라스틱까지 연료로 사용하는 때도 있다.

울란바타르의 위치가 보통의 평야보다 해발 고도가 높은 분지(盆地)에 자리 잡고 있어 공기의 순환이 원활하지 못하고, 강수량이 매우 적어 빗물이 먼지를 씻어내는 자연정화 작용이 어렵기 때문에 대기오염이 가중되고 있다고 볼 수 있다. 매년 수천 명이 호흡기질환, 심혈관계 질환으로 사망한다고 한다고 하는데, 이유는 대기오염이라고 볼 수 있다.

게르 지역의 여러 가지 문제로 인해 야기되는 환경오염 문제는 게르 지역을 넘어 울란바타르 전체로 그 영향을 미치고 있다. 울란바타르시 근처에 폐기물 처리장이 있는데 이곳이 토양 오염의 주원인이다. 처리장의 폐기물 처리 및 오수 관리가 제대로 되지 않아 토양에 독성 오염 물질이 그대로 노출되고 있다. 또 수질오염을 들 수 있는데, 게르 지역 주민들은 구멍을 파서 작은 곳간을 짓고 화장실로 사용한다. 이 화장실은 오수 배설시설이 갖춰지지 않아 지하수를 오염시키는 주요 원인이 되고 있다. 100개 이상의 하수 처리 시설이 있지만, 매우 노후화되어 있어 제 기능을 못 하고 있을 뿐만 아니라 주민들이 오물 및 오수를 강에 버리기 때문에 매년 1억 2천만 폐수가 톨강으로 유입되고 있다. 이에 따라 그 지류 하천 및 토양도 지속해서 오염에 노출되어 있다. 톨강의 수질 오염 수준은 매우 더러움으로 분류되며 매년 오염의 수위가 높아지고 있다.

환경오염의 범인으로는 쓰레기 문제도 빼놓을 수 없다. 울란바타르시 주민들은 한 달에 한 번 쓰레기 처리 비용을 내고 있는데, 게르 지역 주민 중 30%는 늘 쓰레기 처리비용을 지급하지 않으며, 12%는 가끔 지급하고, 58%는 항상 지급하고 있다는 연구 결과가 나왔다. 주민들은 이 비용을 절약하기 위해 쌓이고 쌓인 쓰레기를 도랑이나 골목에 버린다. 저소득층 가구에서 이러한 행태는 더욱 자주 보인다.

또한 게르 지역의 비포장도로와 증가하는 자가용 승용차들도 대기오염의 원인이 되고 있다.[119]

2) 교육시설의 부족

두 번째는 교육시설의 부족을 들 수 있다. 특히 게르 지역 인구 증가에 비례하여 학생들도 지속해서 증가하는 반면 학교시설은 턱없이 부족하여 도심에서 떨어진 주변 지역 학교들이 하루 3~4 교대를 하는 실정이다. 교사 1명당 담당하는 학생의 수는 35명에 다다른다. 상황이 이렇다 보니 도시 중심에 있는 게르 지역 학교

---

[119] 몽골 도시재개발사업에 대한 연구. 한국교통대학교대학원. 행정학 석사학위논문, Bat-Erdene Ganchimeg, 일부전재

들을 근처의 지역 학교로 보내어 교육하고 도시 중심에서 멀리 떨어져 있는 게르 지역 학교의 경우는 전체 학생의 30%만 수용할 수 있다.

학교와 마찬가지로 유치원과 어린이집도 매우 부족한 실정이다. 게르 지역 3동에는 유치원과 어린이집이 단 한 곳밖에 존재하지 않는다. 2012년 교육부 통계자료에 따르면 학교와 유치원의 75.9%는 기관의 최대 수용 가능 인원을 훨씬 초과한 학생들이 다니고 있음을 확인할 수 있었다.

이런 상황에 이르면서 아이들의 60%~65%는 집에서 학교까지 30분에서 1시간(1~3km)을 걷거나 버스를 타고 다니기에 통학에 따른 주변 도로 및 교통 안정성 문제가 제기된다.

또한, 기존에 있는 교육시설은 매우 노후화되어 있다. 2012년 교육부 통계자료에 의하면 게르 지역 교육 시설의 68.2%는 상하수도 시스템이 연결되어 있지 않다고 한다. 이에 학생들은 야외 화장실을 사용하게 되는데 이는 아이들의 위생에 악영향을 미치고 있다. 게르 지역의 교육시설이 가지는 또 다른 문제는 학교 정규교육 이외의 특별 프로그램을 운영할 장소가 없다. 보통 정규교육 이외의 프로그램은 학교 등의 교육시설을 빌려 진행되지만, 하루 3~4주기로 학생을 받다 보니 정규 수업만을 진행하기도 빠듯하다.

3) 의료시설의 부족

환경문제와 함께 거론될 수 있는 것이 바로 의료시설인데, 환경이 취약하면 그만큼 환자의 발생률이 높아진다. 환자의 발생률이 높아지면 높아질수록 의료시설이 필요하다. 그러나 게르 밀집지역의 의료시설은 교육 시설과 같이 매우 부족한 상태이다.

몽골은 동네마다 의료 보건 센터가 1곳씩 있고 구마다 병원 1곳이 있다. 동네의 의료 보건 센터는 의사 한 명, 간호사 한 명이 주민들에게 의료 서비스를 제공하고 있다. 게르 지역 한 동네의 평균 인구수는 6,000-10,000명임을 고려하여 볼 때 한 명의 의사와 간호사에게 다수의 환자가 분배되고 있다고 할 수 있다. 의료 시설 부족 문제뿐 아니라 현재 의료 보건 센터의 건물은 의료 수준에 맞지 않게 매우 노후화되었으며 사회 인프라 시설이 잘 갖춰지지 않은 열악한 상태이다.

4) 공원 시설 부족

도시의 공원은 자연환경의 보호라는 의미도 있지만, 대도시의 경우 시민의 휴식과 여가를 위해 국가나 지방단체, 혹은 민간에서 조성한 녹지공간이다. 공원은 문명이 탄생하면서부터라고 하는데, 현대의 공원은 시민을 위한 시설로서 공공정원이라고 부를 수 있다. 이러한 의미로 도시마다 공원 조성에 많은 신경을 쓰고 있는데, 서울의 경우, 2023년 9월 기준, 1인당 공원면적이 $16.2m^2$

인데 2030년까지 1인당 공원면적을 20㎡로 확대를 목표로 하고 있다.

영국 런던이 33.4㎡, 싱가포르가 18.0㎡, 미국 뉴욕이 14.7㎡, 프랑스 파리가 10.7㎡, 일본 도쿄는 4.5㎡이다. 대부분 도시의 공원녹지 비율이 높은 편이다.[120]

몽골의 울란바타르는 도시화와 민주화 과정을 거치면서 인구 유입이 급격하게 이루어졌다. 이에 따라 인구 증가 예측이 벗어나면서 초기 도시 계획 정책이 제대로 되지 않아 도시 내 녹지 지역 및 공원 조성을 정량 표준 수준에 맞게 조성하지 못했다. 또한, 울란바타르시로 대다수 인구가 이주하면서 게르 지역이 확장되고, 인구 증가에 맞춰 건물을 세우다 보니, 녹지 지역이 많이 줄어들게 된 셈이다. 결과적으로 도시계획에 반드시 들어가야 하는 공원면적이 줄어들게 된 것이다.

울란바타르시는 급속한 인구 증가로 이들을 수용하기 위한 거주지를 위해 현재 존재하는 자연 등 녹지 지역을 없애고 아파트 및 다른 건물을 짓는 경우가 대다수인 형편이다. 실제 울란바타르시의 총 토지의 60%를 소유하고 있는 게르 지역은 공원이 하나도 없다. 국제 표준으로 약 백만 이상 인구가 거주하는 도시의 1인당 녹지지역의 면적은 24㎡인데 울란바타르시의 경우 1인당 녹지지역의 면적은 1.6㎡밖에 되지 않아 국제 표준보다 15배가량 적다.

---

120) 통계청 지표누리, 국민 삶의 질 지표 참조

5) 상수도 시설의 부족

상수도 시설은 선진국의 바로미터가 될 만큼 모든 국가에서 총력을 기울이는 주요 기반 시설 중 하나다.

울란바타르 유역면적은 49,840km²이며, 동에서 서로 시가지를 가로질러 흐르는 톨강과 북쪽에서 남쪽으로 톨강과 합류하는 셀베(Сэлбэ)강이 있으나, 현재는 상수원으로 이들 강의 지표수(地表水)를 사용하지 않고 지하수에 의존하고 있다. 그 이유는 하·폐수 방류로 인하여 톨강의 하류 지역은 상당히 오염되어 있고, 톨강의 상류 지역은 비교적 깨끗한 수질을 유지하고 있으나, 이를 상수원으로 하기 위해서는 많은 시설비가 소요되는 정수장이 필요하다. 하지만 지하수는 수질이 우수하여 간단한 염소소독만으로 공급할 수 있으므로 지하수만으로도 충당할 수 있기 때문이다. 현재 울란바타르시가 사용하는 물 전량은 7곳의 지하 수원으로부터 취수하고 있다. 그 중 'Upper Source Station'만이 울란바타르시에서 60km 상류의 톨강 변에 위치하고, 나머지 취수원은 울란바타르 시 내의 톨강 변에 있다.[121]

게르 지역은 중앙에서 공급하는 상수도가 각 가정에 직접 공급되는 것이 아니라, 키오스크(Kiosk, 마을 공동우물)를 통해 공급된다. 게르 촌 지역의 키오스크에 물을 보급하는 방법은 중앙 상수도 관망을 연장하여 보급하는 방법, 큰 트럭으로 물을 운반하여

---

[121] 몽골 상하수도시설 진출을 위한 기본 연구 – 울란바타르시를 중심으로, 서울과학기술대학교 일반대학원, 석사학위논문, 2023, 다시남, 일부 전재, 참조

키오스크 물 저장탱크로 보급하는 방법, 자가 우물을 파서 보급하는 방법 등 세 가지가 있다. 게르 지역의 상수도 관수로는 키오스크에 중앙상수도 관망을 연장하여 물을 공급하기 위한 것으로, 총 연장은 173km이며, 재질은 폴리에틸렌(Polietilien)으로 되어있다. 이것은 게르 지역의 물 공급 방식이 빌딩 지역과 별도의 방식으로 이루어지기 때문인데, 키오스크 중 중앙 상수 관망에서 가까운 경우 폴리에틸렌 재질의 상수 공급망을 설치하여 상시 물 공급이 가능하게 하고 있다.

상수 급수량은 10리터/일 이내로 매우 제한적이며 상수 공급을 받기 위해서 키오스크(Kiosk-마을 공동물 저장소)와 우물에 직접 가서 물을 길어 생활에 사용하고 있다. 우물에서 물은 1L당 2 투그릭(Tørpør)(4원)에 판매된다. 통계청의 보고서에서 의하면 게르 지역의 1인당 평균 물 소비는 6~7L로 나왔다.

울란바타르시는 원활한 상수 공급을 위해 펌프장, 관정, 게르 지역의 키오스크, 상수도 관수로 등 시설을 확충하고 있다. 필요한 상수관망의 압력을 높여 주는 가압펌프장 (Pump station)은 총 15개이다. 이 중 8개는 도심부에 연결된 상수 관에 연결되어 있고 7개는 게르 지역의 상수관에 상수를 공급하고 있다.[122]

---

[122] 몽골 상하수도시설 진출을 위한 기본 연구 - 울란바타르시를 중심으로, 서울과학기술대학교 일반대학원, 석사학위논문, 2023, 다시남, 일부 전재, 참조

▶ 울란바타르 시 취수원별 설계용량 및 생산량 현황(단위: ㎥)

구분	설계용량, ㎥/일	생산량, ㎥/일
Central station	114,000	93,840
Industrial station	36,000	16,027
Meat factory	15,000	8,018
Upper source station	90,000	73,353
Gachuurt	25,000	25,200
Yarmag	20,000	20,000
Buyant-Ukhaa	22,500	22,500
합계	322,500㎥	258,938㎥

자료: 울란바타르 시 상하수도 공사 USUG (Usug.ub.gov.mn)

▶ 울란바타르 시 상수도시설 현황

No	구분	Current situation
1	취수원	7개소
	펌프장	총 15개소
2	도심부의 상수도관	8개소
	게르촌 지역의 상수도관	7개소
3	관정	218개소
	게르촌 지역 키오스크(kiosk)	622개소
4	물차 공급	313개소
	파이프 공급	309개소
5	도심지 상수도관 연장	km 631.1km
6	상수도관 지름, mm	150-800mm
7	게르 지역의 상수도관 연장, km	173km
8	상수도관 재질	강철, 주철, 플라스틱
9	도심부 상수도관망 시장	1959년도
10	상수도 관망의 나이	2-62

자료: 울란바타르시 상하수도 공사 USUG. (2022). (www.usug.ub.gov.mn)

6) 하수도 시설의 부족

하수도 관망이 아직 보급되지 못한 게르 지역에서 사용된 생활용수는 1인당 약 10ℓ/일이다. 이 중, 1인당 1ℓ/일은 분뇨화 되어 수거식 화장실로, 나머지는 마당에 버려진다. 게르 지역에서 배출되는 오수 중 일부는 하수 수거 차량에 의해 수거되어 지정된 7개소 하수관거에 투입되어 하수 처리장으로 유입되나, 대부분의 오수는 침출수가 차단되지 않는 재래식 화장실에 버려진다. 게르 지역의 화장실은 구멍을 (약 2~3m) 파서 작은 곳간을 짓고 화장실로 사용한다. 화장실은 집 밖에 있으며 사용하기 불편하고 겨울에는 추우며 여름에는 부패한 냄새 나고 위생에 나쁜 등 단점을 가지고 있다. 또는 구멍을 판 화장실은 지하 깊이 있는 물을 오염시키는 주요 원인이 되며 울란바타르시의 상수 품질에 악영향을 미치고 있다.

미처리 오수 하·폐수 배출에 따른 주요 상수원 및 톨강과 토양 오염률이 매우 심각한 상황이다. 몽골은 광산업의 발달로 급격한 성장을 맞이하고 있으나, 이미 보급된 상하수도 인프라의 노후화로 지하수 및 하천과 토양오염이 심각한 수준이며, 매년 증가하는 도시인구 유입과 정부의 유목민에 대한 정착유도 정책으로 절대적인 시설과 용량 및 접근성이 현격히 저하되어 있다.

울란바타르시에는 가정용 하수처리장 8개, 산업용 폐수처리장 1개가 건설되어 운영 중인데, 하수관 망은 대부분 도심지역에 설치되어 있다. 일부 게르 지역에 있는 공장, 사무실, 학교, 대형 식당 등에서 발생하는 폐수 및 하수를 차집하기 위한 것이다. 게르 지역은 전통적인 조립식 게르와 단독주택이 많고 무계획적으로 형성된 주거지역이며, 마을 공동우물을 사용하여 물 사용이 극히 제한적이며 발생하는 오수와 하수에 대한 처리는 불가능하다.

이처럼 사용된 물과 배출된 오수의 미처리, 때문에 도시 생태계가 위협받고 있다. 환경오염과 토양오염 수준이 매우 악화한 상태이며 울란바타르시에서 거주하는 시민들과 그 인근에 사는 사람들이 불안전한 환경 속에서 살고 있다. 이 문제는 몽골 정부의 최우선 과제로 주목받고 있다. 이런 심각한 문제를 해결하기 위해 몽골 정부는 수많은 대책을 실시 중이지만 크게 효과를 내지 못하는 실정이다.[123]

▶ 울란바타르 시 하수도시설 현황

No	구성	현황
1	하수관거 연장, km	247km
2	관경 범위, mm	150mm-1,400mm
3	하수관거 소재	세라믹(28%)
		주철 (10%)
		철근콘크리트(42%)
		석면이나 플라스틱 (20%)
4	하수관거 시작	1963년도
5	하수관거 나이	1~58년
6	1일 처리용량, m³	160,000m³-190,000m³
7	근로자 수, 명	1,734명

자료: 울란바타르 시 상하수도 공사 USUG. (2022). (Usug.ub.gov.mn). [23]

---

[123] 몽골 상하수도시설 진출을 위한 기본 연구 – 울란바타르시를 중심으로, 서울과학기술대학교 일반대학원, 석사학위논문, 2023, 다시냠, 일부 전재, 참조

7) 울란바타르 시 주요 하·폐수 처리장 현황

- 중앙하수처리장

중앙하수처리장은 백만명 이상(2020년 기준 1,539.8명)의 발생하는 생활하수와 일차적으로 처리된 산업폐수를 찻집하여 처리하는 시설이다. 중앙 하수처리장은 울란바타르시에서 17km 떨어진 톨강 하류부에 있다. 1964년에 45,000㎥/일의 용량으로 건설하여 1976년부터 1986년까지 220,000㎥/일 규모로 증설하였고 40,000~160,000㎥/일이 유입되고 있으나 산업폐수 처리 수가 함께 유입됨에 따라 중앙하수처리장 설계기준의 2배 이상 배출수가 방류수 기준을 만족하지 못하고 있다. 방류기준을 초과하는 처리 수를 톨강으로 방류하고 있어 수질오염이 심화하고 있으며 하수처리장 콘크리트 구조물이 상당히 노후화된 상태이다. 하수처리 공정은 일반 활성슬러지법으로 침사와 스크린-일차침전지-포기조-이차침전지-UV소독-방류로 구성되어 있다. 폐기물 처리시설로 2차 폐기물 농축조와 벨트 여과 탈수기를 갖추고 있다. 현재의 공정으로 질소와 인은 처리가 되지 않고 있다. 중앙하수처리장은 1964년에 설립된 이후, 몽골 자체 또는 해외 원조 등으로 여러 번의 증설과 개축을 통하여 처리용량과 처리 공정을 개선해 왔지만, 현재 현실적으로 울란바타르시의 주요 하수처리장인 중앙하수처리장이 노후화되어 하수를 제대로 처리를 못 하는 실정이다.

– 카르지아(Харгиа) 폐수처리장

카르지아(Khargia) 폐수처리장은 1972년에 준공되어 울란바타르시의 모피, 피혁공장 폐수를 처리하는 시설로 초기에는 5개 공장에 대한 폐수처리를 시행하다가 현재는 28개 공장에 대한 폐수를 처리하고 있다. 처리 공정은 약품 응집·침전하여 배출하는 1차 처리 공정으로 처리 수는 중앙하수처리장으로 이송되어 2차 처리되고 있다. 설계용량은 13,000㎥/일이나 유입 용량은 약 24,000㎥/일로 과부한 상태이며, 낡은 시설과 열악한 운영 환경으로 1차 처리 기능마저 다하지 못하고 있다. 2009년 이전에는 민간 회사에서 운영하였고 이후 정부에서 관리하고 있으며, 가죽 산업 특성상 다량의 부유물질, 용존성 오염물질 및 크롬 성분이 함유된 폐수가 유입되고 있다.

– Airport(Нисэх) 하수처리장

Airport 하수처리장은 1973년 러시아의 지원으로 건설되었으며, 소규모 하수처리장 중 가장 큰 규모로, 1985년 처리용량 600㎥/일로 1996년 처리용량을 1,000㎥/일로 용량이 점차 증설되었다[4]. 하수처리구역은 칭기스칸 공항 및 야르막(Ярмаг) 신도시 계획 구역에 속해 있으며, 현재 이 구역 인구는 약 48,000명으로 주변 개발로 유입하수가 지속해서 증가하여 실 유입량은 2,000㎥/일로 이미 설계용량을 초과하고 있다. 현재 하수처리 방법은 약품 사용 없이 1차 침전 및 활성오니 방법으로 처리하고 있으며, 설계 하수량보다 많은 양의 유입이 과부하 및 성능저하 원인이 되고 있다. 발생 침전물은 옥외 저류조에서 자연 건조 후 차량으로 이송 처리되고 있다.

- 벤골(Баянгол) 하수처리장

　벤골 하수처리장은 1978년에 건설되었으며 설계용량은 400㎥/일로 소규모 하수처리장이다. 처리 공정은 기계적·생물학적(활성슬러지법) 공정을 적용하고 있으며 실 유입량은 300~400㎥/일로 다른 하수처리장에 비교하여 정상적 범위에서 운영되고 있다.

- 바이오콤비나트(Биокомбинат) 하수처리장

　바이오콤비나트 하수처리장은 1990년에 건설되었으며 설계용량은 600㎥/일로 소규모 하수처리장이다. 처리 공정은 기계적·생물학적(활성슬러지법) 공정을 적용하고 있으며 실 유입량은 280~320㎥/일로 다른 하수처리장에 비교하여 정상적 범위에서 운영되고 있다.

- 바가한가이(Багахангай) 하수처리장

　바가한가이 하수처리장은 1989년에 건설되었으며 설계용량은 500㎥/일로 소규모 하수처리장이다. 처리 공정은 기계적 처리 공정만을 적용하고 있어 매우 낮은 처리 효율을 나타내고 있다. 실 유입량은 180~200㎥/일이다.

– 바가누(Багануур) 하수처리장

바가누 하수처리장은 1991년에 건설되었으며 설계용량은 8,500㎥/일로 소규모 하수처리장이다. 처리 공정은 기계적·생물학적(활성슬러지법) 공정을 적용하고 있으며 실 유입량은 4,500㎥/일이다. 처리장 콘크리트 시설이 노후화되어 개선이 필요하다.

– 58번 학교 인근 소규모 하수처리장

58번 학교 인근에는 80여 가구가 마을을 이루고 있으며, 마을에서 발생하는 하수를 처리하기 위하여 소규모 하수처리장이 1959년에 건설되었다. 하지만 하수처리장의 처리 효율이 높지 않아 대한민국 정부의 지원으로 새로운 하수처리시설이 부가적으로 설치되었다. 신규 하수 처리 공정은 혐기조, 무산소조, 포기조, 침전조, 소독조 등으로 구성되고, 처리 수는 하천으로 방류되기 전에 유수지에 머물다가 유출된다. 이에 따라 유수지에는 녹조가 번성하여 있다.

– 빗물 처리

울란바타르시의 하수 배제 방식은 오수 수집만을 위한 목적으로 한 분류식 하수 배제 방식이다. 몽골의 연평균 강수량은 200mm 강수량이 매우 낮은 편이며 여름철 6월~9월에 강우가 많이 발생한다. 급격한 도시화로 인하여 강우 시 유출이 일어나며 하수도시설에 우수관이나 빗물 집수정이 존재하지 않아 유출된

빗물은 그대로 인근 하천으로 유입되어 하천 수질에 영향을 미친다.[124]

8) 도로 및 교통문제

게르 지역 도로의 첫 번째 문제점은 비포장도로가 대다수라는 점이다. 비포장도로는 승용차는 지나갈 수 있지만, 트럭 같은 큰 차들은 지나갈 수 없을 정도로 폭이 좁다. 도심 주변과 도심으로 향하는 중앙 도로는 연결되지 않고 있다. 또 도로가 갖추어야 할 기준 표시, 규격을 비롯하여 가로등도 없다.

울란바타르시의 대중교통 시스템은 버스, 전기버스, 개인소유 버스, 마이크로버스, 택시 등이 있다. 게르 지역 시민들 58%는 버스를 이용하고 29%는 걷기, 25% 개인차, 나머지 9% 택시를 이용한다.

울란바타르시 대중교통은 하루에 3.1백만 번 이용된다. 그런데 문제는 비포장도로 때문에 대중교통 수단이 갈 수 있는 거리가 한정되어 있어 대중교통 노선이 활성화되지 못한다는 것이다. 실제 시민들은 대중교통을 이용하고도 원하는 목적지까지는 한참을 걸어간다.

그렇다 보니 대중교통을 이용하는 비율은 2007년 42.6%를 차지하는 것에 비해 현재 많이 줄고 개인 소유 차를 이용하거나 걸

---

124) 몽골 상하수도시설 진출을 위한 기본 연구 – 울란바타르시를 중심으로, 서울과학기술대학교 일반대학원, 석사학위논문, 2023, 다시남, 일부 전재

는 사람의 비율이 늘어났다. 그중에서도 개인 소유 차 이용자가 갑자기 늘어났다. 지난 3년 동안(2007~2011년) 인구가 1.1% 늘어났고 등록된 자동차가 1.8%, 1,000명에 할당된 개인차가 1.3% 늘어났다.

  대중교통 노선이 한정되어 있어 시민들은 개인별 차를 소유하게 되었다. 그러나 게르 지역은 대부분 비포장도로이므로 증가한 개인차들이 대기오염의 원인이 되고 있다.[125]

  몽골은 게르 지역의 비계획적 확산으로 인한 난개발, 기반시설 부족, 환경문제 등으로 게르 지역에 대한 재개발 사업을 활발히 추진하고 있다. 한국의 경기주택도시공사(GH)는 탄소중립 스마트도시 조성협력과 역량 공유를 위해 몽골 울란바타르 도시주택공사와 업무협약(MOU)을 2023년 4월 체결했다.[126]

---

[125] 몽골 도시재개발사업에 대한 연구, -울란바타르 시 게르지역을 중심으로, 한국교통대학교 대학원 학위논문, Bat-Erdene Ganchimeg, 2016, 일부전재, 참조
[126] 경기신문 2023. 4. 30, 고태현기자 기사참조

15
몽골의 현대주거와 환경문제

　울란바타르시의 도시화가 급격하게 진행되면서 인구의 증가와 난개발에 따른 환경문제도 심각한 문제도 대두되었다. 폐기물처리장의 부족으로 인한 오수 관리가 제대로 되지 않아 토양의 오염이 심각하다.
　특히 울란바타르 시내의 200개가 넘는 공장, 가정에서 사용하는 하, 폐수 등이 제대로 된 처리가 되지 않은 채 톨강에 유출되고 있어, 2017년 말 건축 도시개발부는 시의 모든 폐수가 중앙 하수처리장으로 유입될 수 있도록 기존 시설의 용량 증가, 개보수 등 하수처리장 건설을 진행하였으며 2018년에 HNC 유한책임회사가 23,000㎥/일 처리용량의 하수처리장을 완료하여 운영하고 있다. 그러나 폐수처리에 필요한 수도 등 인프라가 없이, 제대로 재활용하지 못하고 있으며 대부분을 올리아스타이강(Улиастай)으로 유출하고 있어 수질 환경 악화에 대한 우려가 큰 상황이다.

특히, 몽골의 자원을 활용하기 위한 광산 개발은 수자원의 오염을 가중했으며 3,000개가 넘는 광산으로 인해 주변의 지하수, 지표수 등이 광물질로 인해 오염되고 있다. 광업 활동으로 인한 환경영향은 수자원뿐만 아니라 산업 폐기물 역시 환경친화적 기술 없이 토양에 버려짐에 따라 토양과 수질 오염의 원인이 되고 있다. 또한, 90년대 체제 전환 이후 전통적인 몽골의 직업인 목축에 종사하는 인구가 늘고 엄격히 규제되었던 한 가구당 사육할 수 있는 가축 최대 수 제한이 폐지되면서 초지의 황폐화가 가속화되었고 내륙에 소재한 개울, 연못, 호수의 수질에도 영향을 미치고 있다.

국민의 안전하고 건강한 환경에서의 삶을 보장하면서 자연환경의 보호를 규정하기 위해서 몽골은 헌법을 구체화하기 위해 환경보호에 관한 기본법으로 1995년 환경 보호법(Environmental Protection Law), 수질 법(Law on Water), 대기 법, 유해화학물질로부터의 보호법, 환경영향평가법 등의 법률을 도입 시행해 오고 있다. 이 중 기본법인 환경 보호법 제1조에서는 몽골의 환경친화적인 자원개발 및 경제 발전 및 건강하고 안전한 삶을 영위하기 위한 인권의 보장을 목적으로 하고 있다.

환경문제를 관장하는 환경관광부는 1986년 수질 및 기후청을 통합하여 자연 환경보전부가 설립되었으며 1992년 헌법 개정으로 자연환경부 설립 이후 2015년 환경관광부로 그 명칭이 변경되었다. 환경관광부는 환경과 녹색개발 및 관광 발전을 위한 기회

울란바타르 시내 공장굴뚝의 연기, 환경오염의 주범중 하나이다.

를 제공하고자 하는 노력으로 살림경영, 지하수 토지 대기 동물자원 데이터베이스 유지, 녹색개발 정책, 관광정책조정, 특별보호지역 관리 등의 업무를 맡으며, 환경부 장관을 수장으로 하는, '녹색개발 정책기획국', '해정국', '환경자연자원관리국', '관광정책조정국', '모니터링평가내부검사국', '특별보호지역관리국', '토지 관련 조직 및 수자원 종합정책조정국', '산림정책조정국', '기후변화국제 협력국'과 같은 조직을 갖추고 있다.

환경관광부가 중앙정부의 조직인데 반하여 각시에도 환경문제를 관장하는 환경청이 조직되어 있다. 울란바타르시의 환경청은 관할 산하기관의 관리 및 환경 프로젝트, 오염 관리 등을 총괄하는 역할을 맡고 있으며 친환경 교육, 살림정책, 생물 다양성 보존, 기후변화, 환경 모니터링 및 복구, 수자원 관리 등이 주요 업무이다.[127]

---

127) '게르'지역 주택화 사업에 따른 환경영향 연구, 2022, 호서대학교 벤처대학원 융합공학과 환경보건에너지공학전공, 석사학위 논문, DULGUUNMUNKH.T, 참조

16
울란바타르시 재개발 계획

　한국에 재개발사업이 시작된 것은 1965년 개정된 도시계획법에 따라서, 서울의 광화문-퇴계로 지구를 지정하면서부터인데, 독립된 도시재개발법은 1976년 12월 31일에 제정, 공포하였다. 재개발이란, 토지의 합리적이고도 효율적인 이용과 도시기능을 회복하기 위하여, 건축물 및 시가지 정비, 대지조성, 공공시설물 정비 등에 관한 사업을 말한다.[128]

　몽골은 20세기 후반부터 빠르게 도시화를 경험하면서 인구의 증가와 주거지의 절대 부족, 이로 인한 주거지 불량지구의 증가 빈곤 문제 등 수많은 문제가 현안으로 대두되고 있다. 이 문제를 해결하기 위한 몽골 정부는 가장 문제가 되는 불량주거지인 게르

---
128) 두산백과 두피디아, 참조

지역의 도시재개발을 통해 지역 환경을 개선하고 이주민들의 경제 수준에 맞는 저비용 주택 제공을 위한 울란바타르시 재개발 계획을 발표했다.

『울란바타르시 2020 기본계획』에 따라 상업지역에서는 층수 및 용적률을 규제하고 있으나 주거지역의 경우는 최근 벌어진 토지 민영화로 인해 토지 관리 및 구획정리 계획을 수행할 수 없어 재개발계획의 수행에도 차질을 빚고 있다.

도시의 경제 발전, 사회 평등에 대한 보장을 위해서는 인구 증가의 공간적 확산 및 기반 시설의 분포가 큰 영향을 미친다는 점에서 게르 지역의 급격한 확산은 시민들에게 적절한 서비스 및 기반 시설을 제공하는데 다음과 같은 문제점을 초래하였다. 첫째, 무질서한 도시화는 도시 외곽에 대한 광범위한 정착을 유도하였고, 둘째, 게르 지역의 새로운 거주자 대부분은 빈곤층이며, 도시 기반시설이 제대로 연결되지 않은 자연재해에 취약한 형태의 게르 지역에 정착한다. 셋째, 울란바타르시는 저밀도의 도시 형태로 간주할 수 있으며, 이는 합리적인 교통 환경, 식수 및 위생시설 등 도시기반시설에 대한 효율적인 투자에 방해 요소로 작용할 수 있다.』[129]

몽골 국가대회의-몽골의 단원제 입법부-는 2013년 『울란바타르시 2020 기본 계획(Ulaanbaatar City Master plan 2020))』을

---

[129] 몽골 울란바타르시 게르지역 재개발사업의 특성연구, 한국노시설계학회지 제24권 제2호, 2023, 척트바타르 운드라흐자르갈*·뭉흐바야르 오양가, 유석연, 참조

승인하여, 주택 및 정비기반시설 공급을 통해 주거환경이 열악하고 정비기반시설이 불량한 지역을 개량하여 재개발 완료 후 동일한 지역 내에 거주할 수 있도록 하였고, 게르 지역을 3가지로 구분하여 재개발 규정을 제시하였다.

울란바타르 주지사 겸 시장은 2013~2016년 발전계획에서 "국민이 주택담보대출을 통해 주택 보급 마련을 위해 주거보조 사업안"을 구체화하기 위해 2010년 몽골국회는 "시 건설 중장기 계획안"을 23번 법령으로 승인하였고 2013년 몽골국회는 "울란바타르 시를 2020년까지 개발할 일반계획, 2030년까지의 발전방침 종합 보고서"이라는 23번 법령을 승인했다. 울란바타르시의 재개발 사업은 일반적으로 다음과 같은 목적 하에서 추진되고 있다.

① 오래된 주택의 주거 환경을 개선하기 위함이다.
② 지역을 재개발하여 새로운 지역으로 탈바꿈하기 위함이다.
③ 토지를 개발 및 효율적 활용을 통해 부동산의 가치를 증가시키기 위함이다.
④ 게르 지역 주민들이 사회 기반시설이 구축된 아파트에서 거주할 수 있는 환경을 제공하기 위해 2014년 4,599가구, 2015년 14,643가구, 2016년 17,398가구, 2017년 18,325가구, 2018년 23,042가구에 아파트를 제공할 계획을 세웠다.

⑤ 아파트를 건설하되 임대 주택을 많이 공급하여 저소득층 주민들이 거주할 수 있도록 한다.

17
몽골 울란바타르 시 도시개발 및 위성 도시 계획

몽골 수도 울란바타르는 몽골 국토의 0.3%를 차지하지만, 인구의 45%가 살고 있다. 인구의 과밀화로 인해 대기 및 환경오염, 도로 혼잡, 엔지니어링, 인프라, 접근성 부족 등 많은 문제가 발생하고 있다. 울란바타르시의 예산 수입은 매년 증가하고 있지만, 시가 직면한 많은 문제는 해결되지 않고 있다. 이는 예산법이 시 예산의 자율성을 결정하지 않고 있기 때문이다. 도시 주민의 생활을 결정하고, 주민을 위한 건강하고 안전하며 편안한 환경을 조성하고, 공익을 위해, 도시 규칙과 표준을 만들고, 도시 고유의 특성에 따라 문제를 해결해야 할 필요성이 자연스럽게 발생한다. 따라서 도시개발 현황, 사회경제적 성장, 과학기술 발전 현황, 현재 변화, 미래 도시화 동향 등을 토대로 단기, 중장기적 개발 정책을 기획하고 추진하는 것이 필요하다.

'몽골의 장기 개발 정책 – 비전 2050'의 9대 핵심 목표에는 국가 가치공유, 인간 개발(Human Development), 삶의 질 향상 및 중산층 육성, 경제 발전, 바른 정부, 녹색 성장, 평화롭고 안전한 사회, 지역 개발, 울란바타르 및 위성도시 발전 등이다. 이를 간략하게 설명하면 다음과 같다.

- 국가 가치공유 _ 언어, 역사, 문화, 믿음 등의 구축을 통해 국가 정체성의 근간이 되는 통일된 가치를 마련한다.
- 인간 개발(Human Development) _ 인간개발지수(Human Development Index) 0.9 달성 및 행복지수(Happiness Index) 순위 10위 이내 진입
- 삶의 질 향상 및 중산층 육성 _ 고용증진, 가계 소득증대, 저렴한 주택 제공, 경쟁력 있는 투자 환경 조성, 중소기업 육성 등을 통해 2050년까지 중산층 비중 80%로 확대
- 경제 발전 _ 지속가능한 경제성장, 중산층 확대, 빈곤 감소, 수출 확대, 투자 및 저축 증가, 경제 다각화를 통해 GDP 780억 달러(6.1배 증가), 1인당 GDP 15,000달러(3.6배 증가) 달성
- 바른 정부 _ 지속가능한 정부, 잘 조직된 공무원 사회, 전자기술 기반·시민중심 공공 서비스, 공공 민간 사회 협력 확대, 부패 없는 나라 달성
- 녹색 성장 _ 환경 친화적인 성장 촉진, 생태계 균형 유지 및 환경지속성 확보

- 평화롭고 안전한 사회 _ 국방력 강화, 인권·자유·사회질서 보장, 재난 위험 감소를 통한 인간과 사회 안보 확보
- 지역 개발 _ 지역 경제발전을 위한 안정적인 인구 및 정착 시스템 마련, 자연환경 및 생태계 균형 유지, 각 지역 비교 우위 기반 개발 추진
- 울란바타르 및 위성도시 발전 _ 살기 편하고 환경친화적인, 사람 중심의 스마트시티 육성

특히 울란바타르시는 도시 주민을 위한 개발 정책에 가장 큰 목표를 설정했는데, 이를 위한 사람 중심의 개발 정책을 시행하고, 교양 있고, 지식이 풍부하며, 윤리적이고, 책임감 있는 시민을 육성하기 위해, 모든 시민이 평등하게 참여할 수 있는 기회를 보장하며, 고용 증대를 위해, 정부 정책을 통한 기업가를 지원한다. 이를 세분화해 보면 다음과 같은 내용이다.

- 시민들이 도시 내에서 안전하게 생활할 수 있고, 공부하며 일 할 수 있는 환경을 조성하고, 통일된 기준에 따라 여행할 수 있는 편리한 환경을 만든다.
- 대기, 토양 등 환경오염을 방지하기 위한 환경친화적인 첨단 기술을 도입한다.
- 최적화된 도시의 미래를 위해 도시 계획의 바른 정책의 실행과 과학적이고 현대적인 정책 솔루션을 반영해 예산을 정확하게 계산하는 계획을 개발 및 실행한다.

- 무역, 서비스, 문화 및 교육, 농업, 식품 및 경공업, 운송 물류, 관광 분야를 개발하고 위성 도시 및 기타 도시와 마을을 연계해 다양화를 실천하고 일자리를 늘려 울란바타르 시의 분산화에 기여 한다.
- 차세대 스마트 대중교통 네트워크를 구축하고 울란바타르와 위성 도시를 연결하는 여객 운송 시스템을 구축하고, 이 지역에 고속주행 교통시스템을 도입하여 교통 혼잡을 줄인다.
- 탈(脫) 울란바타르 시로 가기 위해 신도심, 부도심, 특화센터, 커뮤니티 센터를 구축하고 문화, 교육, 무역 서비스, 주택, 사회기반시설, 체계 등을 제공하고, 복합 중심도시를 만든다.

울란바타르는 2050년까지 위의 주요 조치를 이행하고 '환경친화적, 사람 중심의 스마트시티'로 발전하기 위해 이 목표의 틀 안에서 아래와 같은 목표를 제안하고 개발 단계를 정의했다.

① **사람 중심의 도시**

일에 대한 높은 가치를 지닌 건강하고 생산적인 시민이 존재하며 시민의 발전을 위한 기회를 제공하는 도시가 될 것이다.

▶ **목표 이행 단계 및 활동의 일반적인 방향**

1단계(2020~2030년)

적극적 시민

사회 인프라의 질과 가용성을 높여 미래 참여를 늘려야 할 시기

1. 사회복지기관(교육, 보건, 체육, 스포츠 단체, 청소년, 발달센터, 아동보호센터, 고아원 등)의 역량과 접근성을 높인다.
2. 의료 및 서비스의 지역적 조율을 통해 네트워크를 구축하고 안정적인 운영을 보장한다.
3. 도시의 교양 있는 시민을 양성하기 위해 모든 수준의 교육 기관이 참여하는 프로젝트를 실행하고 정부 및 민간 부문 조직, 대중 매체 및 뉴스 미디어 활동에서 사회적 영향 활동을 실행한다.

2단계(2031~2040년)

창의적 시민

시민 중심 사회서비스의 질과 접근성, 평등성을 보장하는 효율적인 시스템을 강화해야 할 시기

1. 특정 조건을 충족하는 초·중·고교를 독립적인 형태로 다양화하고 발전시킨다.
2. 「도시와 마을의 계획 및 건설에 관한 조례」에 따라 신설 위성도시, 신설부도심, 지구, 위원회에 체육시설을 계획하고 시행한다.
3. 각 지구에는 국제기준에 맞는 문화궁전과 일부 지역에는 전문예술기관을 건립한다.

3단계(2041~2050년)

지혜로운 시민

글로벌 경쟁력을 갖추고, 창의적이며 사회 활동적인 시민이 함께하는
도시 발전을 지원하는 시기

1. 일반교육학교와 유치원을 학생들의 필요와 요구사항을 충족하는 종합개발센터로 발전
2. 스포츠, 스포츠 업무 및 서비스 분야의 기술 및 기술 발전을 도입하여 모든 연령층이 인공지능 기반 스포츠 상담 서비스를 받을 수 있는 기회를 창출한다.
3. 도시인구의 노동 가치를 높이고 빈곤 없는 도시를 만든다.

② 환경을 중심으로 하는 결정

사람에게 건강하고 안전한 환경을 조성하고, 생태계의 균형을 유지하며, 온실가스 배출이 적은 녹색기술로 쾌적한 생활환경을 조성한다.

▶ 목표 이행 단계 및 활동의 일반적인 방향

1단계(2020~2030년)
건강하고 깨끗한 환경
국민에게 건강하고 안전한 생활여건을 제공하고, 재활하며, 책임 있고 경제적인 소비를 창출하는 시기
1. 기후변화에 적응한 천연자원의 생태계 가치 결정 및 지속가능한 관리 이행
2. 산림황폐화 및 산림부족을 줄이기 위한 종합대책을 시행하여 정상적인 산림생장을 보장하고 생산성을 증대시킨다.
3. 환경 친화적인 첨단기술을 도입하여 오염원을 줄이고, 대기, 토양 및 환경오염을 줄인다.
4. 수자원 및 식수원 보장, 지표수의 축적 및 재사용, 물의 가치 제고
5. 폐기물 분류, 수거 및 운송 서비스 분야의 기술 혁신을 실시하고, 폐기물 집중 지점을 청소하고 공원을 조성한다.
6. 도시 하수처리장 확장 및 현대화, 도시 묘지 유적 확장 및 공원화
7. 가능한 모든 지역에 도시녹지시설 및 공원의 면적을 확대
8. 식량 안보 보장 및 농촌 지역에서 공급되는 유기농 식품 체인 구축
9. 오염을 줄이고 폐기물 없는 소비를 늘리기 위해 행정적 방법과 인센티브 방법을 결합하여 사용한다.
10. 종합적인 산림복원 대책을 시행하고, 인공림 구매를 강화하며, 인센티브를 활용한다.
11. 기후변화 부정적 영향 극복, 재난 조기발견 및 회복력 강화
12. 대기 및 환경에 대한 모니터링 및 분석 역량을 국제적 수준으로 끌어올리는 것

2단계(2031~2040년)

그린시티

도시 생태계의 균형을 이루는 그린·스마트 기술 시기

1. 기후변화에 대응할 수 있는 시스템 구축
2. 도시 지역의 생태계와 다양한 생물을 보호하고, 하천의 흐름을 개선하고 수자원 위생 구역과 지하 지역을 보호하고, 수자원 보호 구현에 관련된 모든 당사자의 참여를 보장한다. 기술을 발달하고 시민이 참여하는 모니터링 시스템을 구축한다.
3. 생활용수를 재사용하고 경제적으로 이용하며 수자원의 고갈을 방지하고 수자원을 저장하기 위한 부유지 및 저수지를 건설한다.
4. 건축물 신축 등 및 읍면 생활폐기물 분류 및 폐기물 자동수거/폐기물 수거라인/ 기술 도입
5. 국내 소비 및 발전소에서 발생하는 회분 및 슬러지 폐기물을 재활용하고 2차 제품을 생산한다.
6. 교통 부문 온실가스 배출을 줄이기 위해 대중교통을 전기차로 교체한다.
7. 건물이 친환경 건축 표준을 준수하도록 한다.
8. 게르 지역 및 녹지 지역 가구의 에너지 소비를 재생 가능 에너지원으로 전환하고, 가구에서 생산된 전력을 중앙 전력망에 공급할 수 있도록 한다.
9. 기후변화에 강한 산림생태계를 조성하고 산림보호 및 복원의 지속 가능한 관리를 한다.
10. 공동 참여를 통한 천연자원의 지속 가능한 관리 구현한다.

3단계(2041~2050년)

편안한 환경

온실가스 저배출 및 환경균형 시기

1. 모든 수준에서 온실가스 배출을 가능한 한 가장 낮은 수준으로 줄인다.
2. 도시 녹지를 보호·증대하고, 도시문화 형성에 시민참여를 통한 통제 체계를 강화한다.
3. 쾌적하고 건강한 생활환경을 조성하고 환경기준을 준수한다.
4. 산림복원관리 시행, 조림림 구매, 도시림 모델 구축
5. 도시에서 발생할 수 있는 자연재해, 가뭄, 기후 변화, 덥고 추운 극한 기후로 인해 시민의 건강에 부정적인 영향을 미칠 수 있는 모든 상황에 대비할 수 있는 여건을 조성한다.
6. 녹지산림생태계의 가치를 재정의하고 다각적인 산림보호 대책을 추진한다.
7. 수자원의 축적과 적절한 이용에 대한 지속 가능한 관리를 이행한다.

③ 계획 중심 개발

최적의 공간 계획과 적절한 정착 시스템을 갖춘 위성 도시가 빠르게 발전하여 국제적으로 경쟁력 있는 메트로폴리탄으로 발전할 것이다.

▶ **목표 이행 단계 및 활동의 일반적인 방향**

1단계(2020~2030년)
최적의 공간 계획
도시를 분산화하여 스마트 기술 혁신과 인프라에 대한 접근성을 높이는 시기
1. 울란바타르시의 토지 조직, 정착지의 집적화, 확장 및 제한, 도로망, 대중교통, 지하공간의 최적 활용 등을 발전시키고 종합개발계획 수립 및 연계를 통한 도시개발 활동을 추진한다. 2. 도시재개발사업의 틀 내에서의 주택 건설 3. 엔지니어링 인프라의 용량을 늘리고, 신기술을 도입하고, 완전한 공급의 기본 수준을 높인다. 4. 도시 공간의 안전을 보장하는 자동화, 다세대, 스마트 대중교통 서비스 및 네트워크를 생성 및 구현한다. 5. 울란바타르에 부정적인 영향을 미치는 산업과 기업을 이전하기 위한 통일된 정책을 개발하고 시행한다. 6. 복단산 주변 여객 철도 건설. 7. 울란바타르에 카풀, 카셰어링 서비스 도입

2단계(2031~2040년)
멀티 센트럴시티
완벽한 인프라와 스마트 시스템을 갖춘 도시 개발을 강화할 시기

1. 울란바타르 도심과 부도심을 연결하는 개발 통로 조성
2. 핀테크, 전자금융, 전자화폐, 인공지능, 블록체인 기술, 자동화, 클라우드 기술, 하드·소프트인프라 강화
3. 전체 에너지 수지에서 새로운 에너지원의 비율을 높이고 지역 전력을 공급한다.
4. 화물운송을 위한 복단 철도 건설
5. 도시 간 경전철 도입 및 지하교통망 개발 강화
6. 도시와 마을을 연결하는 고속도로, 도시의 간선도로를 연결하는 보조도로 건설, 지역 가로망 종합건설

3단계(2041~2050년)
메트로폴리탄
유리한 생활환경을 갖춘 METROPOLITAN 개발시기

1. 쾌적한 생활환경을 갖춘 수도권 수준의 개발
2. 인공지능 기반 스마트 시스템의 차세대 기술을 도시 개발 활동에 도입
3. 지역과 UB시를 연결하는 고속교통 도입
4. 울란바타르시 및 위성도시 도로망 확충
5. 재생에너지 또는 녹색에너지 생산 증대 및 지역에 지속 가능한 에너지 공급
6. 주요 국제, 대륙 및 세계 축제를 주최하고 조직한다.

④ 좋은 도시 거버넌스(governance)

좋은 거버넌스, 안정적인 법적 환경, 환경 기준을 충족하는 도시로 발전할 것이다.

▶ 목표 이행 단계 및 활동의 일반적인 방향

1단계(2020~2030년)

법적 개혁

법과 법률을 개혁하고 도시 거버넌스와 사회적 경제에 유리한 환경을 조성해야 할 시기

1. 최적의 도시 거버넌스 시스템을 구축하여 모든 수준의 계획 및 계획의 개발, 승인 및 의사결정에 시민과 대중의 참여를 보장하고 시민들이 정보를 공개적이고 접근 가능하며 투명하게 얻을 수 있는 채널을 만든다.
2. 도시 거버넌스에 대한 정부, 비정부, 민간 부문 조직 및 대중의 참여와 파트너 십을 강화하고, 사회적 책임 범위 내에서 민간 부문 조직이 시행하는 프로젝트 및 프로그램의 효율성을 안내한다.
3. 정보를 디지털화하고 국민에게 정부 서비스를 종합적으로 제공하기 위한 시스템 구축 및 구현.
4. 도시 구역 설정, 도로 구역 설정 및 구역 순위를 설정하고 구역 설정에 따라 토지 요금과 부동산 세율을 다르게 설정하며 중앙 지역을 운행하는 차량에 대한 구체적인 조건과 요구 사항을 설정한다.
5. 지방세를 다양화하고 주류, 주류, 담배, 자동차, 대기오염에 대한 특별세를 신설한다.

2단계(2031~2040년)

지속 가능한 도시 거버넌스

도시의 안정적인 거버넌스를 강화하고 우호적인 국제관계를 위한
법적 틀을 마련하는 시기

1. 국민이 정부 기관에 가지 않고도 온라인으로 충분하게 공공서비스를 받을 수 있는 시스템을 만들고, 국민을 존중하는 공공서비스 체계를 강화한다.
2. 경제적, 사회적 효율성 순으로 도시예산 투자사업 및 조치에 자금을 지원하고, 투자 기금을 조성하고 통합관리시스템을 구축한다.
3. 지역 소유 지역을 공기업/IPO로 전환하여 효율성을 높이고 경영을 개선한다.
4. 유휴부동산을 효율적으로 소유, 관리, 개발하고 자유로운 경제 유통을 목표로 시스템을 구축한다.
5. 예정된 프로그램을 통해 고위급 국제회의 및 활동을 조직하기 위한 법적 틀을 마련한다.

3단계(2041~2050년)
좋은 도시 거버넌스
도시의 올바른 거버넌스를 강화하고 안정적인 국제 관계를 강화하는 시기
1. 도시의 건강하고 안전하며 녹색 발전을 촉진하고 사회 문화에 중점을 두고 조직 및 개인 윤리와 도시 문화를 발전시키는 도시의 법적 규제를 보장한다. 2. 시민, 기업 대표, 관광객이 편리하게 이용할 수 있는 정부 서비스를 강화하고, 초국가적 범죄예방 시스템을 강화한다. 3. UB에서 운영되는 정부, 비정부 및 민간 부문 조직의 사회적 책임을 높이기 위한 정책 및 프로그램 구현 4. 도시 구역 설정, 도로 구역 설정 및 구역 순위를 설정하고 구역 설정에 따라 토지 요금과 부동산 세율을 다르게 설정하며 중앙 지역을 운행하는 차량에 대한 구체적인 조건과 요구 사항을 설정한다.

⑤ 위성 도시

국가 특성에 맞는 관광 및 문화 서비스를 창출하고 동북아 교통, 물류, 국제관계의 허브 도시가 되는 위성도시들을 개발할 것이다.

▶ **목표 이행 단계 및 활동의 일반적인 방향**

1단계(2020~2030년)
제조업 도시
새로운 투자기회 창출과 생산지역 확대의 시기
1. 멀티센터 시스템을 구현하고 위성 도시를 건설하거나 "Aero City" 및 "마이다르 시티(Maidar City)"에 새로운 도시 건설을 시작하여 엔지니어링 네트워크에 완전히 연결하고 주택 작업을 강화한다. 2. UB 신국제공항을 전면 운영하고 이를 북아시아 여객 및 화물 운송을 위한 통합 물류센터로 발전시킨다. 3. 도시와 언덕을 연결하는 고속도로 건설, 로터리를 따라 관광 단지 건설, 기업가 지원, 역사 및 문화 기념물 복원 및 관광 순환에 투입, 몽골 브랜드 쇼핑센터 개설 및 운영을 계획한다. 4. 첨단기술 개발 및 지식기반 생산

2단계(2031~2040년)
다양하게 개발된 도시
적절한 이주와 정착 시스템으로 경제 다각화가 강화되는 시기
1. 울란바타르 지역에 경제자유구역을 조성함으로써 첨단산업의 국산화와 일자리 증대로 글로벌 시장에서 경쟁할 수 있게 되며, 법적 환경 조성과 자유구역 조성이 가능해진다. 2. 민관 파트너 십의 틀 내에서 주요 관광 프로젝트 및 프로그램 시행 3. 다국적 기업 및 국제기구의 지사 설립 4. 협력 중인 도시와의 경제통합을 통한 새로운 대외 무역 기회 창출 및 새로운 무역 네트워크 창출 5. 농촌 및 지방에서 공급되는 유기농 식품 체인을 통해 몽골 브랜드의 무역 네트워크 확장

3단계(2041~2050년)
해외 도시들과 경쟁하는 도시
국제적으로 경쟁하기 위한 집중적인 발전의 시기
1. 신기술과 혁신으로 위성도시와 마을의 생산과 서비스를 증대한다. 2. UB 도시의 신국제공항을 전면 운영하고 공항 기준을 충족시키며, 이를 동북아 여객 및 화물운송을 위한 통합 물류센터로 발전시킨다. 3. 세계적 수준의 문화예술축제 개최(음악, 영화, 의류, 패션, 음식...) 4. 동북아에서 인정받는 문화, 과학 중심지로 발전한다. 5. 지리적 위치의 장점을 활용한 국제적인 "정보 데이터 센터"를 구축한다.

21세기의 주거문화는 과학기술의 발달로 각종 첨단 기술이 주거지 내 유입이 이루어지고 있다. 스마트 홈, 홈오토메이션의 등장으로 주택 소유자는 이제 조명 켜기에서 온도 조절에 이르기까지 집을 원격으로 제어할 수 있다. 거기에 더 나아가 실시간으로 거주지 내부를 확인할 수 있고, 냉난방의 조절, 세탁, 취사까지 가능해지고 있다. 이제 주거지는 단순하게 잠을 자고 쉬는 공간

만이 아니라 각종 정보 시스템의 발전으로 주거지 내에서 빠르고 많은 정보를 얻고, 홈뱅킹, 우편 정보 송수신, 문화생활, 교육, 오락, 재택근무 등의 일이 이루어질 것으로 예상한다. 우리가 사는 방식은 변화하고 있다.

몽골의 2050년까지의 도시계획을 살펴보면 21세기의 과학기술을 통한 도시개발과 주거지의 정비, 그리고 편리하고 친환경적 첨단도시로 발돋움하기 위한 준비를 마쳤다고 할 수 있다. 몽골은 넓고 광활한 국가 면적과 엄청난 양의 광물자원과 강인한 기질, 국민의 약 65%가 35세 이하로 젊은 인구의 비중이 높고, 그리고 그들의 선조들이 밟았던 세계의 그 넓은 땅으로 다시 한번 뛸 준비를 하고 있다.

최근 세계가 13세기 몽골제국의 칭기스 칸을 재조명하고 몽골에 시선을 집중하고 있다. 몽골은 무한한 광물 자원으로 경제성장을 견인하고 있으며, 드넓은 초원의 자연환경에서 풍부한 일조량과 지형으로 태양광 및 풍력 발전에 매우 유리한 환경을 지니고 있다. 최근 세계가 주목하는 신재생에너지와 탄소 배출규제로 인한 친환경 에너지에 최적화된 조건을 갖추고 있다.

몽골이 직면한 과제 중 하나였던 지역 간의 경제 격차와 농촌 지역의 빈곤, 도시와 농촌 지역 간의 인프라 차이 및 경제 발전에 대한 불평등에 대한 부분도 '몽골의 장기 개발 정책–비전 2050'으로 인해 점차로 해소될 전망이다. 정부와 기업은 국제적인 협력을 강화하고 교육 및 기술 발전에 투자하여 미래 세대를 위한 인적 자원을 양성하고 있다.

 선사시대부터 21세기까지 긴 여정을 거쳐 몽골의 삶과 주거문화를 살펴보면서 척박한 환경 속에서도 그토록 강하고 화려하게 꽃피워 낼 수 있었던 그들의 강인하고 강렬한 에너지와 풍부한 감성을 느낄 수 있었다. 현대로 들어오면서 자료의 부족으로 그들의 현대 주거문화에 대한 상세한 자료를 수록할 수 없어 아쉬웠지만, 한국과 몽골의 역사 속에서는 친밀한 유대감을 느낄 수 있었다. 이 작은 자료가 한국과 몽골의 관계를 이해하고 더 깊은 관계로 나아갈 수 있었으면 하는 바람을 실어본다.

참고문헌

가. 논문과 단행본

고려대학교 민족문화연구소(1982). 한국민속대관 1-6. 고대민족문화연구소 출판부.

국립문화재연구소 고고연구실(2013). 몽골의 고대 무덤과 돌문화 자료집: 고비 알타이 아이막. 대전: 국립문화재연구소.

금희연·서동주·김기선·김장구·바트투르·김홍진·허만호·사인빌렉트(2012). 초원에서 무지개를 보다. 서울: 그린.

김광언(1988). 한국의 주거민속지. 서울: 민음사.

김남응(2002). 몽골의 주거생활과 난방방법. 비교민속학, 22, 161-180.

김형준(2012). 몽골전통주거 게르의 공간구조와 의미에 관한 연구. 대한건축학회연합논문집, 14(2), 31-38.

다시냠(2023). 몽골 상하수도시설 진출을 위한 기본 연구 - 울란바타르시를 중심으로. 서울과학기술대학교 대학원 석사학위논문

대한건축사협회(2004). 해외건축 - 몽골건축. 건축사, 419, 76-87.

동북아역사재단(2009). 몽골 서북부 지역의 암각화. 서울: 동북아역사재단.

로빈 브라운(2006). 마르코폴로의 동방견문록(최소영 옮김). 서울: 이른아침

몽골 과학아카데미 고고학연구소(2022). 유목제국 몽골의 주요 마구 자료집. 대전: 국립문화재연구원

바야르·이문섭(1999). 몽골주택의 역사와 변천과정에 관한 연구. 대한건축학회 추계학술발표대회 논문집. 19(2). 361-366.

박원길, 백승정(2011). 몽골의 게르(Ger)에 나타난 북방문화원형 디자인

연구. 몽골학, (31), 1-40.

박환영(2008). 21세기 몽골의 유목문화. 중앙대

박환영(2012). 몽골비사에 반영된 몽골 유목민들의 물질문화 연구. 동아시아고대학, (29), 145-172.

반병률(2019). 서한을 통해서 본 이태준의 독립운동. 연세의사학, 22(2), 7-49.

안숭범(2009). 〈황구의 동굴〉에 나타난 몽골 유목민의 자연관. 비교민속학, 39, 363-385.

알탕호약 오강치멕, 손동화, 변나향(2021). 몽골 주거 유형별 공간특성과 사용행태. 한국주거학회논문집, 32(4), 61-68.

여화선, 서주환, 어치르 바트치멕(2013). 몽골 전통 가옥(Ger)의 문양 및 문양 색채에 관한 연구. 디자인지식저널, 25, 239-248.

오영주(2015). 탐라 몽골리안, 740년 삶의 자취 -제주 몽골족 성씨 분포와 특징, 제주와 몽골 문화의 친연성. 2015년 대외경제정책연구원 몽골연구회.

유원수(2012). 몽골 고원의 유목 전통과 현실. 인문논총, 67, 349-380.

이란표, 체웬 에르댕(2010). 노마드적 이동공간의 현대적 적용가능성 연구 -몽골 이동주거 게르를 중심으로-. 청소년시설환경, 8(3), ㄴ9-79.

이안나(2016). 몽골 유목민의 '중심'에 대한 의식과 생태적 세계관 1: 창세신화와 주거공간을 중심으로. 비교민속학, 59, 341-379.

이영섭·전도근(2023). 몽골 관광문화 콘텐츠와 세계문화유산 = Mongol. 서울: 인피니티컨설팅.

이정순·양용열(2011). (수나와 타미르의) 몽골 이야기: KOICA-해외봉사단원 활동경험담. 성남: 한국국제협력단; 서울: 디자인인트로

이평래(2019). 몽골인의 전통생업 유목. 한국외국어대학교 중앙아시아 연구소.

장장식(2006). 불과민속-몽골 유목민의 불 민속. 방재와보험, 44-49.

척트바타르 운드라흐자르갈, 뭉흐바야르 오양가, 유석연(2023). 몽골 울란바타르시 게르지역 재개발사업의 특성 연구 – 중앙, 중간, 외곽 게르지역 구분을 중심으로. 한국도시설계학회지 도시설계, 24(2), 5-22.

체렌소드놈(2001). 몽골 민간 신화 (이평래 옮김). 서울: 대원사.

최기호(2014). 역사가 꽃피는 대초원: [몽골에서 한국을 만나다!]. 서울: 시사.

통계청(2024). 『국민 삶의 질 2023』

플라노 드 카르피니·윌리엄 루브룩(2015). 몽골 제국 기행: 마르코 폴로의 선구자들 (김호동 역주). 서울: 까치.

황경순(2013). 몽골의 전통주거 '게르'에 내재된 전통지식과 문화 공간적 특성. 비교민속학, 52, 275-300.

Bat-Erdene Ganchimeg(2016). 몽골 도시재개발사업에 대한 연구. 한국교통대학교 대학원 석사학위논문.

DULGUUNMUNKH.T(2022). 게르 지역 주택화 사업에 따른 영향 연구. 호서대학교 벤처대학원 석사학위논문.

나. 신문기사

기민도(2022. 11. 17). 몽골 가축 떼죽음 부르는 '조드'…유목민, 기후난민이 되다. 한겨레. Retrieved from https://www.hani.co.kr/arti/society/environment/1067614.html

네이멍구 '하늘목장' 가축들, 겨울에도 신선한 풀 먹어(2024. 1. 4). 인민망 한국어판. Retrieved from http://kr.people.com.cn/n3/2024/0104/c207467-20118304.html

몽골의 사막화는 얼마나 심각한가?(2023. 11. 5). 여행 건강 정보 여의도 디지털노마드. Retrieved from https://getincome.kr/%EB%AA%BD%EA%B3%A8%EC%9D%98-%EC%82%AC%EB%A7%

89%ED%99%94/

이승창(2023. 2. 16). 문명의 손길이 닿지 않는 타이가 숲속을 가다 2. 완도신문. Retrieved from https://www.wandonews.com/news/articleView.html?idxno=301473

이용한(2009. 2. 5). [이용한의 느린방랑] 최후의 유목민 차탄족의 고향, 홉스골. 세계일보. Retrieved from https://www.segye.com/newsView/20090205002473

이진연(2019. 2. 4). [취재후] 대재앙 '조드' 공포 확산.."초원 떠나는 몽골 유목민들". KBS. Retrieved from https://v.daum.net/v/20190202140438053

오문수(2019. 12. 16) 여수넷통뉴스 기사 https://www.netongs.com/news/articleView.html?idxno=202631

오문수(2019.10.14) 오마이뉴스 인류 역사상 가장 친환경적인 주거 형태 오기사https://www.ohmynews.com/NWS_Web/View/at_pg.aspx?CNTN_CD=A0002577025

고태현(2023.4.30.) 경기신문 GH, 몽골 울란바타르 도시공사와 '게르 대체주택 개발 협력' https://www.kgnews.co.kr/news/article.html?no=746444

다. 홈페이지

나무위키: https://namu.wiki/w/%EB%82%98%EB%AC%B4%EC%9C%84%ED%82%A4:%EB%8C%80%EB%AC%B8

네이버 지식백과: terms.naver.com

두산백과 두피디아: https://www.doopedia.co.kr/

미디어 웜홀(2012. 7. 14). 몽골집 게르는 어떻게 지을까 [온라인 블로그]. Retrieved from https://dino999.idomin.com/485

위키백과: ko.wikipedia.org

통계청 지표누리: https://www.index.go.kr/

투르크 인문백과사전: https://terms.naver.com/list.naver?cid=69894&categoryId=69894

한국민족문화대백과사전: encykorea.aks.ac.kr

한국환경산업기술원(2023. 6. 16). 사막으로 가득한 지구? '세계 사막화 방지의 날'을 기억해주세요! [온라인 블로그]. Retrieved from https://blog.naver.com/lovekeiti/223130384278

한국희망재단(2023. 11. 9). [월드프렌즈 NGO 봉사단_몽골] 도시화의 이면, 몽골 울란바타르의 게르지역 #한국희망재단 [온라인 블로그]. Retrieved from https://blog.naver.com/khf2006/223259934531

저자 및 사진작가

주 저자

김영식

- ㈜파미르홀딩스 대표이사
- ESG금융경제전문가, MBA, 관광학 박사
- 경희대학교 일반대학원 관광학과 박사 졸업
- 세종대학교 기후특성화대학원 기후정책학 박사 과정 재학 중

국제 PM 자격인 PRINCE2(Projects IN Controlled Environments Version 2: 구조화된 프로젝트 관리방법: UK)와 CP3P(Certified Public Private Partnership Professional: 국제공인 민자사업 전문가 자격증: UK)를 보유하고 있으며, 공동주택, 상업시설, 물류센터, 골프장 등 프로젝트 관리(Project Management)업무를 하고 있다.

박사논문으로는 『ESG 경영이 호텔기업의 혁신 성과와 기업 평판에 미치는 영향: 집단 창의성과 지식 공유의 간접효과』 이며, SCI에 다수의 논문이 수록 되었다. 현재 지구의 기후 중립 시대를 맞이하여 ESG 실천, 탄소 중립 등 환경 이슈를 도시개발사업에 접목하는 연구를 하고 있다.

강기효

- 엠에이치지코리아 주식회사 대표이사
- 법무법인 원앤파트너스 미국변호사
- 법무법인 세종 미국변호사
- ROY KANG LAWFIRM 대표변호사
- 엘지그룹 회장실 해외법무
- 미국 UALR 로스쿨 J.D취득
- 서울대학교 법대 학사, 석사 졸업

서울대학교 법대와 대학원에서 형법과 상법을 전공하였고 엘지그룹 회장실에서 근무하면서 해외법무 전문가로 활약하였다.

이후 도미하여 니시미디어 등 IT관련 경력을 쌓았으며 미국 변호사로 국제 비지니스 분야에 10여년 이상 근무하였다.

한국으로 돌아와서는 법무법인 세종에서 미국변호사로 근무 하였고 현재는 투자컨설팅 회사인 엠에이치지코리아 주식회사에서 대표로 근무하고 있다.

협력 저자

다시냠 (BAATARCHULUUN DASHNYAM)

- ㈜파미르홀딩스 개발사업본부 연구원
- 서울과학기술대학교 'UCEM' 연구실 연구원
- 몽골 울란바타르시 제5고등학교 졸업
- 서울과학기술대학교 건축공학과 학사
- 서울과학기술대학교 일반대학원 건축과 석사
- 현재 서울과학기술대학교 일반대학원 스마트시티공학과 박사과정 재학 중

건설관리, 민간협력사업, 부동산 개발사업, 몽골 진출사업과 관련 프로젝트와 연구를 수행하고 있으며, 연구논문으로 '건설현장의 비산먼지 개선 연구', '드론과 레이저스캐너 활용능력 향상을 위한 실험적 연구', '몽골 상하수도시설 진출을 위한 기본 연구' 등이 있다.

홍재원

- ㈜파미르홀딩스 개발사업본부 연구원
- 한국관광대학교 관광경영과 전문학사
- 경희사이버대학교 관광레저학부/사회복지학부 학사
- 경희대학교 관광학과 석사
- 현재 경희대학교 관광학과 박사과정 재학 중

몽골 교육시장 진출 프로젝트와 Environment, Social, Governance(ESG) 경영의 효율적 실행과 검증, 그리고 인공지능(AI)이 관광객 행동과 경험에 미치는 영향과 같은 사회 및 현장 중심의 주제에 대한 연구를 수행하고 있다. 연구논문으로는 '가상가치평가법(CVM)을 활용한 청와대(靑瓦臺) 이용가치 추정'이 있다.

사진작가

BILEGDEMBEREL BUYANBAT

- 몽골 울란바타르시 제105고등학교
- 2020년 Mongolian National Film Council 학사
- 촬영 관심분야 – 자연, 문화, 일상, 여행
- Email: Bilegbuyanbat@gmail.com
- Instagram: kuzma_997

Mongolia